Translatio
Philosophies Médiévales

Directeurs : Jean-Baptiste BRENET et Christophe GRELLARD

HENRI DE GAND, MATTHIEU D'AQUASPARTA, RICHARD DE MEDIAVILLA, PIERRE DE JEAN OLIVI

LES ANGES ET LE LIEU

Quatre questions sur la localisat des substances séparées

Textes introduits par

Tiziana SUAREZ-NANI

Traduits et annotés par

T. SUAREZ-NANI, O. RIBORDY, G. EVANGEL
G. LARDELLI, PH. SCHULTHEISS

*Ouvrage publié avec le soutien
du Fonds de recherche de la Faculté des Lettres
de l'Université de Fribourg (Suisse)*

PARIS
LIBRAIRIE PHILOSOPHIQUE J. VRIN
6 place de la Sorbonne, V[e]

2017

HENRI DE GAND, *Quodlibet* II, q. IX : texte latin de l'édition critique de R. Wielockx, dans *Henrici de Gandavo Opera Omnia*, vol. VI, Leuven, Leuven University Press, 1983, p. 58-72.

MATTHIEU D'AQUASPARTA, *Quaestiones disputatae de anima separata, de anima beata, de ieunio et de legibus*, q. II : texte latin de l'édition critique de G. Gál, Quaracchi, Ad Claras Aquas, 1959, p. 20-39.

RICHARD DE MEDIAVILLA, *Scriptum super I librum Sententiarum*, dist. XXXVII, articulus II, qq. I-IV : texte latin de l'édition de Brixiae 1591 (reimp. Frankfurt am Main, Minerva, 1963), p. 325-330.

PIERRE DE JEAN OLIVI, *Quaestiones in II librum Sententiarum*, q. XXXII : texte latin de l'édition critique de B. Jansen, Quaracchi, Ad Claras Aquas, 1922, t. I, p. 571-591.

© *Librairie Philosophique J. VRIN*, 2017

Imprimé en France

ISSN 1779-7373

ISBN 978-2-7116-2727-1

www.vrin.fr

INTRODUCTION

Spatia locorum tolle corporibus, nusquam erunt,
et quia nusquam erunt, nec erunt
Augustin d'Hippone, *Épître* CLXXXVII

(…) ce qui se dit des âmes, se doit dire à peu près
des Anges, que le grand Docteur natif d'Aquino
a cru n'être en lieu que par opération
G. W. Leibniz, *Nouveaux essais*
sur l'entendement humain (l. III, chap. XXIII)

Au cours des dernières années, la problématique de l'espace a suscité un intérêt grandissant[1]. Une des raisons tient sans doute à l'ampleur du champ d'investigation qu'elle couvre : touchant plusieurs domaines de l'expérience

---

1. Parmi les nombreuses publications sur ce thème, signalons : P. Zumthor, *La mesure du monde. Représentations de l'espace au Moyen Âge*, Paris, Seuil, 1993 ; en 1997, le volume XXV de la revue *Miscellanea mediaevalia* était consacré à ce thème : J.A. Aertsen, A. Speer (éd.), *Raum und Raumvorstellungen im Mittelalter*, Berlin-New York, De Gruyter, 1997. Depuis lors, plusieurs publications ont vu le jour, parmi lesquelles : P. Moraw (éd.), *Raumerfassung und Raumbewusstsein im späteren Mittelalter*, Stuttgart, Thorbecke, 2002 ; l'ouvrage collectif *Construction de l'espace au Moyen Âge : pratiques et représentations*, Paris, Publications de la Sorbonne, 2007 ; T. Suarez-Nani, M. Rohde (éd.), *Représentations et conceptions de l'espace dans la culture médiévale*, Berlin-Boston, De Gruyter, 2011 ; Th. Paquot, Ch. Jounès (éd.), *Espace et lieu dans la pensée occidentale. De Platon à Nietzsche*, Paris, La Découverte, 2012 (malgré son intitulé, aucune contribution dans ce volume ne concerne le Moyen Âge) ; P. Totaro, L. Valente (éd.), *SPHAERA. Forma, immagine e metafora tra Medioevo ed Età moderna*, Firenze, Olschki, 2012 ; D. Giovannozzi, M. Veneziani (éd.), *Locus-Spatium*, Firenze, Olschki, 2014.

humaine, cette problématique est impliquée, directement ou indirectement, dans des disciplines aussi diverses que la géographie, l'histoire, l'histoire de l'art, la littérature, la physique ou la psychologie. Dans le cadre de la philosophie, la question de l'espace recoupe plusieurs dimensions et relève autant de la philosophie de la nature que de la métaphysique et de la cosmologie. Aussi, même si à partir de la Révolution scientifique elle semble concerner principalement la physique, elle ne demeure pas moins une question proprement philosophique qui engage l'ensemble de la pensée dans laquelle elle s'inscrit. On ne s'étonnera donc pas de constater que même chez le fondateur de la mécanique classique, la doctrine de l'espace absolu débouche sur une ontologie et sur une théologie naturelle : l'espace – écrivait Newton – est un effet émanant de Dieu[1]. Les implications philosophiques de cette conception pourraient d'ailleurs expliquer le fait que l'avènement de la science newtonienne n'allait pas inaugurer, et encore moins imposer, une conception de l'espace « scientifique et neutre » immédiatement et universellement partagée, mais susciter de nouvelles interrogations – à la fois de nature ontologique (sur l'existence d'un espace séparé), métaphysique (sur la nature de l'espace) et psychologique (sur sa perception) –, engendrant une confrontation vive et intense tout au long du XVIIIᵉ siècle[2]. C'est ainsi à juste titre que l'on a souligné la nécessité de compléter les études

---

1. *Cf.* Isaac Newton, *De gravitatione et aequipondio fluidorum et solidorum in fluidis*, éd. et trad. M.-F. Biarnais, *De la gravitation ou les fondements de la mécanique classique*, Paris, Les Belles Lettres, 1985, p. 46-47 : « Denique spatium est aeternae durationis et immutabilis naturae (…) effectus emanativus ».

2. *Cf.* L. Peterschmitt, « Introduction » dans *Espace et métaphysique de Gassendi à Kant. Anthologie*, Paris, Hermann, 2013, p. 5-59 (notamment p. 5-8).

sur la notion d'espace, telle qu'élaborée en philosophie de la nature et en physique [1], par la prise en considération de sa signification, de sa portée et de ses implications métaphysiques [2].

Si une pareille exigence s'impose dans l'approche des conceptions de l'espace de l'Âge classique, elle est d'autant plus marquée en ce qui concerne la pensée médiévale. Alors que les notions de lieu/espace ont, dès le XIIIe siècle, principalement été étudiées en philosophie de la nature, notamment dans le cadre des commentaires de la *Physique* et du traité *Du ciel* d'Aristote, cette problématique a également fait l'objet de doctrines théologiques et métaphysiques importantes dans les commentaires des *Sentences* de Pierre Lombard. Deux passages de cet ouvrage donnaient l'occasion de traiter de la problématique du lieu : la distinction XXXVII du Ier livre, qui traitait de la présence de Dieu dans l'univers, et la distinction II du IIe livre, où il était question du lieu et de la localisation

---

1. Pour une approche des notions de lieu/espace dans cette perspective nous renvoyons aux études classiques de M. Jammer, *Concepts d'espace. Une histoire des théories de l'espace en physique*, trad. L. Mayet et I. Smadja, Paris, Vrin, 2008 ; A. Koyré, « Le vide et l'espace infini au XIVe siècle », *Archives d'Histoire doctrinale et littéraire du Moyen Âge* 24 (1949), p. 45-91 ; *Du monde clos à l'univers infini*, trad. R. Tarr, Paris, Gallimard, 1988 ; R. Sorabji, *Matter, Space and Motion*, London, Duckworth, 1988. Parmi les nombreuses études consacrées par E. Grant à ce thème, rappelons au moins : *Much Ado about Nothing. Theories of Space and Vacuum from the Middle Ages to the Scientific Revolution*, Cambridge, Cambridge University Press, 1981 (repr. 2008). Signalons enfin le récent volume édité par J. Biard et S. Rommevaux, *La nature et le vide dans la physique médiévale. Études dédiées à Edward Grant*, Turnhout, Brepols, 2012.

2. C'est le propos qui anime l'anthologie de textes du XVIIe et XVIIIe siècle, publiée sous la direction de L. Peterschmitt, *Espace et métaphysique*, *op. cit.*

des créatures spirituelles. Recueillant des apports antérieurs, Pierre Lombard fixait la distinction entre trois modalités de localisation – la circonscription, la définition/délimitation et l'ubiquité [1] –, une distinction qui allait être décisive pour les débats successifs. De plus, ces interrogations étaient examinées également, de manière ponctuelle, dans des *Questions quodlibétales* ou dans des écrits portant sur le mouvement.

Il convient donc de souligner l'ampleur que cette thématique a connue dans la culture philosophique et théologique du Moyen Âge, où elle a par ailleurs été traitée selon des approches fort différentes. S'agissant d'expliquer l'inscription des corps dans les lieux physiques, mais aussi de rendre compte de la localisation des esprits créés (âmes humaines et anges), la question du lieu et de l'espace exigeait d'être traitée à la fois sur le versant de la physique et sur celui de la métaphysique. Sur le plan doctrinal, cela requérait, d'une part, l'examen des conditions de localisation des corps et la clarification du fondement de leur inscription dans les lieux/espaces du monde et, d'autre part, l'analyse du rapport des entités immatérielles – Dieu, l'ange et l'âme humaine – aux lieux/espaces corporels. Au niveau du *corpus* textuel, cet examen a pris la forme d'une confrontation avec la *Physique* d'Aristote, dont la lecture intégrait et développait des indications fournies par Pierre Lombard, Augustin et Jean Damascène quant à la présence des natures spirituelles dans l'espace de l'univers sensible [2].

---

1. *Cf.* Pierre Lombard, *Libri quatuor Sententiarum*, l. I, d. XXXVII, c. 6, ed. Collegii S. Bonaventurae, Quaracchi, Ad Claras Aquas, 1916, p. 270.

2. La distinction fixée par Pierre Lombard remonte en effet à Jean Damascène (*De fide orthodoxa*, I, c. 13, éd. E. Buytaert, St. Bonaventure-Louvain-Paderborn, The Franciscan Institute, 1955, p. 58 ; trad. P. Ledrux, Paris, Éditions du Cerf, 2010, p. 209-221) et a été

L'ensemble de cet examen a conduit à une reconsidération des notions de lieu et de localisation, envisagées à partir de points de vue différents, selon qu'elles étaient abordées dans le cadre de la philosophie de la nature ou dans celui de la métaphysique. Or, si le traitement « physique » de cette question s'inscrivait dans la philosophie de la nature et dans l'histoire des sciences, son approche « métaphysique » avait une portée plus large et fondamentale, susceptible de concerner également la physique du lieu. En vue d'expliquer la localisation des créatures spirituelles, à partir du XIIIᵉ siècle plusieurs penseurs ont en effet été amenés à reconsidérer certains aspects de la physique aristotélicienne et à développer des vues nouvelles, voire novatrices, auxquelles la philosophie de la nature n'était pas parvenue.

Aussi, la problématique du lieu ou de l'espace apparaît-elle dans la culture médiévale comme ayant une double dimension métaphysique : du côté de l'objet, car elle portait sur des entités extérieures au champ de l'expérience humaine, et du côté de l'approche adoptée, car elle conduisait à des réflexions sur les conditions de possibilité de l'inscription des choses (créées) dans l'espace physique, ainsi que sur la nature même du lieu et de la localisation.

Dès lors, la reconstitution des conceptions médiévales et de leur apport au développement de ces notions ne peut se limiter à la restitution des doctrines physiques, mais demande de prendre en considération les théories formulées dans le cadre de la métaphysique et de la théologie.

---

reprise par Anselme de Canterbury (*Proslogion*, c. 13, trad. A. Koyré, Paris, Vrin, 6ᵉ éd., 1982, p. 31) et Hugues de St. Victor (*De sacramentis christianae fidei* I, partie 3, chap. 18, éd. R. Berndt, Münster, Aschendorff, 2008, p. 83 ; PL 176, col. 224). Quant à Augustin, un texte particulièrement important à ce propos est l'*Épître CLXXXVII De praesentia Dei*, dans *Augustini Hipponensis Episcopi Opera Omnia*, Parisiis, Vivès, 1836, t. II, col. 1017-1038.

Telle est l'hypothèse de travail qui est à l'origine du présent volume. Afin de permettre une première approche du traitement métaphysique que certains penseurs du Moyen Âge ont réservé aux notions de lieu et de localisation, nous proposons la traduction de quatre questions qui datent de la fin du XIIIe siècle et qui portent sur le lieu et la localisation des esprits. Il s'agit de questions tirées des écrits d'Henri de Gand, de Matthieu d'Aquasparta, de Richard de Mediavilla et de Pierre de Jean Olivi, dont la rédaction se situe entre la fin des années 1270 et 1295.

PETIT TOUR D'HORIZON

Ces auteurs ne sont pas les premiers à s'interroger sur le lieu et la localisation des esprits, et lorsqu'ils se mesurent à cette problématique, celle-ci a déjà connu plusieurs solutions [1]. Selon l'une d'entre elles – celle de Bonaventure –, les créatures spirituelles sont contenues dans l'espace physique, quantitatif et divisible, mais n'y sont pas circonscrites ; dépourvus de dimensions, les anges sont localisés par leur substance et sont de ce fait totalement présents dans la totalité du lieu qu'ils occupent et dans chacune de ses parties, à la manière dont l'âme est présente dans tout le corps et dans chacune de ses

---

1. Pour un survol de quelques positions *cf.* T. Suarez-Nani, « D'un lieu à l'autre : l'ange, l'espace et le point », dans T. Suarez-Nani, M. Rohde (éd.), *Représentations et conceptions, op. cit.*, p. 121-146 ; T. Suarez-Nani, « De la théologie à la physique : l'ange, le lieu et le mouvement », dans A. Paravicini-Bagliani (éd.), *L'Angelos*, Micrologus XXIII, Firenze, SISMEL-Edizioni del Galluzzo, 2015, p. 427-443 ; T. Suarez-Nani, *La matière et l'esprit. Études sur François de la Marche*, Fribourg-Paris, Academic Press Fribourg-Éditions du Cerf, 2015, p. 237-274.

parties[1]. Une autre solution – celle de Roger Bacon –
soutenait en revanche que l'ange est étranger aux
coordonnées spatiales et qu'il est localisé seulement de
manière « négative », dans le sens d'une « non-absence »
ou « non-distance » par rapport au lieu corporel[2]. Dans le

1. *Cf.* Bonaventure, *In II librum Sententiarum*, d. II, pars II, art. II,
q. III, éd. Collegii S. Bonaventurae, Quaracchi, Ad Claras Aquas, 1885,
t. II, p. 81-82 : « Et ideo est tertia positio, quod angelus, cum contineatur
a loco corporali, quod est in loco partibili, tamquam in loco primo ; et
quoniam non potest extendi in eo, ideo necesse est, quod sit in toto, ita
quod totus in toto, et totus in qualibet parte ». Cette manière de concevoir
la présence de l'âme et de l'ange dans l'espace matériel a été largement
partagée et a reçu l'étiquette d'« holenmérisme » au XVIIᵉ siècle :
cf. J.-P. Anfray, « Étendue spatiale et temporelle des esprits : Descartes
et le holenmérisme », *Revue philosophique de la France et de l'Étranger*
139 (2014), p. 23-46 ; I. Agostini, « Henry More e l'olenmerismo »,
Nouvelles de la République des Lettres 2 (2006), p. 73-86 ; T. Suarez-
Nani, « Le lieu de l'esprit : échos du Moyen Âge dans la correspondance
de Descartes avec Henry More », dans I. Wienand, O. Ribordy (éd.),
Descartes en dialogue, Fribourg, Academic Press Fribourg, (à paraître).

2. *Cf. Opus tertium*, c. 47, éd. J.S. Brewer, *Opera hactenus inedita*,
t. I, London 1859, p. 175 : « spiritualis substantia nullum locum corporalem
requirit, nec debeat habere, propter continentiam, sicut neque propter
salutem » ; *ibid.*, p. 184 : « nec oportet quod dicamus quod angelus est
simul et semel praesens caelo et terrae, sed per negationem, quod non
abest nec distat a caelo nec a terra, et cum est praesens caelo non distat
a terra, nec abest ab ea ; et, e converso, cum consideratur praesens terrae,
non abest nec distat a caelo ; ut semper aliqua negatio exprimatur, quia
nullam habet rationem distantiae corporalis, cum sit spiritus ». Sur la
conception de R. Bacon *cf.* R.J. Long, « Roger Bacon on the Nature and
Place of Angels », *Vivarium* 35/2 (1997), p. 266-282. Il se pourrait que
l'article 218 (« *Quod intelligentia vel anima separata nusquam est* ») du
syllabus de 1277 vise la position de Roger Bacon : *cf.* C. Panti, « Non
abest nec distat : Space and Movement of Intellectual Substances according
to Robert Grosseteste, Adam Marsh and Roger Bacon », dans
T. Suarez-Nani, O. Ribordy, A. Petagine (éd.), *Lieu, espace, mouvement :
physique, métaphysique et cosmologie*, Roma-Barcelona, FIDEM, 2016,
p. 57-77.

même ordre d'idées, Albert le Grand avait distingué le fait d'« être dans un lieu » et le fait d'« être localisé » pour affirmer que les esprits créés se trouvent en un lieu sans être localisés au sens propre du terme [1]. Quant à Thomas d'Aquin, sa position est caractérisée par la thèse de la « localisation par les opérations ». Développant les propos d'Albert le Grand, Thomas considérait que les créatures spirituelles sont étrangères à la dimension spatiale, mais qu'en tant que pourvues d'une dimension ou quantité de puissance (*quantitas virtutis*) elles peuvent agir dans des lieux corporels : par leurs opérations, elles seront donc situées (ou définies) par rapport à ces lieux sans y être circonscrites. Le choix de la « localisation par l'agir » permettait de formuler l'hypothèse d'un rapport extrinsèque aux lieux physiques, un rapport fondé uniquement sur les opérations exercées par les créatures spirituelles à l'égard des corps [2] ; plus précisément, ce rapport résultait d'une

1. *Cf.* Albert le Grand, *In I Sententiarum*, d. XXXVII, art. XVIII, éd. A. Borgnet, *Opera omnia*, vol. XXVI, Paris, Vivès, 1893, p. 254-255 : « Dicendum quod non est idem in loco esse, et locale esse (…). Locatum enim proprie non est nisi corpus : cum tamen spiritus creatus diffinitive sit in loco, et non locatus, nec localis, nisi secundum quid, ut dicit in littera ». Pour la conception d'Albert le Grand nous renvoyons à : A. Rodolfi, « Présence de Dieu et lieu des anges chez Albert le Grand », dans T. Suarez-Nani, O. Ribordy, A. Petagine (éd.), *Lieu, espace, mouvement : physique, métaphysique et cosmologie, op. cit.*, p. 79-92.

2. *Cf.* Thomas d'Aquin, *Summa theologiae*, I, q. 52, a. 1, éd. Leonina, t. V, Roma 1889, p. 20 : « angelo convenit esse in loco : aequivoce tamen dicitur angelus esse in loco et corpus. Corpus enim est in loco per (…) contactum dimensivae quantitatis. Quae quidem in angelis non est ; sed est in eis quantitas virtualis. Per applicationem igitur virtutis angelicae ad aliquem locum qualitercumque dicitur angelus esse in loco corporeo ». La même thèse est formulée dans *Scriptum in I Sent.*, d. 37, q. 4, a. 1 et dans *Quodlibet* I, q. 3, a. 1. Pour la conception thomasienne, *cf.* T. Suarez-Nani, *Les anges et la philosophie. Subjectivité et fonction cosmologique des substances séparées au XIIIᵉ siècle*, Paris, Vrin, 2002, p. 87-90,

causalité produisant un contact (*contactus virtutis*) avec un corps et son lieu, de sorte à localiser le sujet de l'agir et à empêcher qu'il puisse se trouver simultanément ailleurs [1].

Lorsque Henri de Gand, Matthieu d'Aquasparta, Pierre de Jean Olivi et Richard de Mediavilla vont se pencher, à peine quelques années après Thomas, sur la question de la localisation des esprits, l'institution ecclésiastique s'en était déjà emparée à travers le syllabus de 1277, qui allait exercer un impact durable sur l'examen de cette question, bien au-delà de sa révocation en 1325 [2]. Comme on pourra le constater, la condamnation de 1277 a déterminé de manière décisive les positions formulées dans les textes traduits dans ce volume. Le syllabus d'Étienne Tempier avait frappé la doctrine de la localisation des substances

---

ainsi que : « Vers le dépassement du lieu : l'ange, l'espace et le point », dans T. Suarez-Nani, M. Rohde (éd.), *Représentations et conceptions*, *op. cit.*, p. 126-127.

1. Dans la conception thomasienne de la localisation des esprits on reconnaît l'influence du motif néoplatonicien du « lieu intelligible » (qui remonte à Plotin, *Ennéades* VI, 4-5 et qui fut développé par Jean Damascène, *La foi orthodoxe* I, 13) et du renversement qu'il implique dans le rapport de localisation : contrairement au corps qui est circonscrit et contenu dans son lieu, au niveau des réalités immatérielles c'est l'esprit qui « contient » le lieu dans lequel il se trouve ; cf. *Summa theologiae*, I, q. 52, a. 1 : « Similiter non oportet propter hoc quod contineatur a loco. Nam substantia incorporea sua virtute contingens rem corpoream, continet ipsam, et non continetur ab ea. Anima enim est in corpore ut continens, et non ut contenta. Et similiter angelus dicitur esse in loco corporeo, non ut contentum, sed ut continens aliquo modo ».

2. *Cf.* E. Mahoney, « Reverberations of the Condemnation of 1277 », dans J.A. Aertsen, K. Emery, A. Speer (éd.), *Nach der Verurteilung von 1277. Philosophie und Theologie an der Universität von Paris im letzten Viertel des 13. Jahrhunderts*, Berlin-New York, De Gruyter, 2001, p. 902-930.

séparées par trois articles, s'attaquant notamment à l'idée que l'ange n'est nulle part dans l'univers corporel, qu'il est localisé uniquement par ses opérations et que sa substance constitue la raison de sa localisation[1]. Au-delà du caractère problématique de ces articles[2], leur condamnation va amener plusieurs auteurs à s'interroger sur le fondement de la localisation, s'engageant ainsi dans l'examen des catégories de substance, de quantité, de lieu et de position (*locus/situs*), ainsi que de leurs rapports.

1. Il s'agit des articles 218, 219, 204 du *Chartularium Universitatis Parisiensis*, éd. Denifle-Chatelain, Paris 1880, p. 544 et 554-555 ; R. Hissette, *Enquête sur les 219 thèses condamnées à Paris le 7 mars 1277*, Louvain-Paris, Louvain publications universitaires-Vander-Oyez, 1977, p. 104-110 et 210-211 ; pour la traduction française, *cf.* D. Piché, *La condamnation parisienne de 1277*, Paris, Vrin, 1999, p. 140-146. Sur la signification de la condamnation de ces articles voir E. Mahoney, « Reverberations of the Condemnation of 1277 », *op. cit.* ; R. Cross, « The Condemnation of 1277 and Henry of Ghent on Angelic Location », dans I. Iribarren, M. Lenz (éd.), *Angels in Medieval Philosophical Inquiry*, Aldershot-Burlington, Ashgate, 2008, p. 73-88 ; H. Wels, « Late Medieval Debates on the Location of Angels after the Condemnation of 1277 », *ibid.*, p. 113-127 ; T. Suarez-Nani, « Angels, Space and Place : the Location of Separate Substances according to John Duns Scotus », *ibid.*, p. 89-111 ; T. Suarez-Nani, « Conceptions médiévales de l'espace et du lieu : les éléments d'une trajectoire », dans M. Esfeld, J.-M. Tétaz (éd.), *Généalogie de la pensée moderne. Volume d'hommages à Ingeborg Schüssler*, Frankfurt am Main, Ontos, 2004, p. 97-114 ; T. Suarez-Nani, *La matière et l'esprit. Études sur François de la Marche*, *op. cit.*, p. 249-251.

2. Membre de la commission de censure, Henri de Gand semble juger que certains articles n'ont d'autre justification que l'obstination de certains maîtres : *cf. Quodlibet* II, q. 9, éd. R. Wielockx, *Henrici de Gandavo Opera Omnia*, vol. VI, Leuven, Leuven University Press, 1983, p. 67 ; *infra*, p. 75-77. Ce jugement est partagé par Gilles de Rome (*In II Sententiarum*, d. 32, q. 2, a. 3, Venetiis 1581, p. 471), Godefroid de Fontaines (*Quodlibet* XII, q. 5, éd. J. Hoffmans, Louvain 1932, p. 101-102), Jean Quidort (*In I Sententiarum*, dist. XXXVII, q. 4, éd. P. Müller, Herder, Roma 1961, p. 391), ou encore Thomas de Bailly (*Quodlibets*, éd. P. Glorieux, Paris, Vrin, 1960, p. 174).

Aussi, et sans en exagérer la portée, il apparaît que la censure de 1277 marque un point de non-retour concernant la localisation des entités spirituelles, dans la mesure où les auteurs qui vont examiner la question après cette date ne pourront pas ignorer ce décret. C'est ce que l'on aura l'occasion de vérifier dans les textes proposés dans ce volume, textes rédigés dans les deux décennies qui ont suivi la censure.

HENRI DE GAND :
LA LOCALISATION PAR LA FINITUDE DU CRÉÉ

La première question traduite dans ce recueil est la neuvième du *Quodlibet* II d'Henri de Gand. Datant de Noël 1277, ce *Quodlibet* a été révisé à plusieurs reprises jusqu'à Pâques 1278, voire, peut-être, jusqu'à Pâques 1279 [1]. La question d'Henri – qui demande « *si l'ange est dans un lieu selon sa substance, sans opération* » – précède ainsi de peu celle de Matthieu d'Aquasparta, alors que celles de Richard de Mediavilla et de Pierre de Jean Olivi sont postérieures d'une vingtaine d'années et datent d'environ 1295.

Rédigeant sa question quelques mois après la censure de 1277, Henri de Gand ne cache pas son embarras vis-à-vis des articles condamnés. Aussi préfère-t-il, de son propre aveu, s'en remettre à l'opinion d'autres plutôt que de se prononcer lui-même : « *mallem alios audire quam aliquid dicere* ». Il renonce donc à arrêter et à défendre une position de manière dogmatique (« *quin ita sit nec determino, nec defendo* », « *re vera nescio* », « *nullatenus dogmatizo, sustineo seu defendo quoquo modo* »), prétextant ne pas

---

1. *Cf.* R. Wielockx, « Introduction » à l'édition du *Quodlibet* II, *op. cit.*, p. XVIII : la datation de Wielockx n'a jamais été contestée.

avoir d'opinion tranchée sur ce sujet (« *dico quod penitus ignoro* »)[1].

Henri s'applique néanmoins à ne pas contredire la censure, dont il retient le motif de l'indépendance de la localisation à l'égard de l'agir – comme il apparaît dans l'intitulé de sa question –, ainsi que l'idée selon laquelle la substance angélique ne constitue pas le fondement de son rapport à l'espace physique[2]. Pour rester fidèle aux directives du syllabus, tout en admettant qu'une entité non matérielle ne peut pas être circonscrite en un lieu matériel, Henri choisit, non sans quelques hésitations, d'ancrer principalement le rapport des esprits au lieu dans la limite ontologique qui marque toute réalité créée : « *il ne reste que la limite de la nature angélique* (…) ; *la nature de l'ange étant limitée, il est en effet nécessaire que l'ange soit quelque part dans l'univers corporel : non pas nulle part, ni partout,* (…) *mais quelque part, même s'il n'est pas de manière déterminée seulement ici ou seulement là* »[3].

En quoi consiste cette limite qui rend compte de la localisation des créatures spirituelles ? Il y a deux sortes de limitation : l'une concerne la nature ou l'essence des choses et est signifiée par leur définition. Ne peut en effet être défini que ce qui a des limites et des contours précis : c'est le cas de chaque espèce de réalité créée, raison pour

---

1. *Cf.* Henri de Gand, *Quodlibet* II, q. 9, éd. cit., p. 58-72 (notamment p. 67, 70, 71) ; *infra*, p. 77, 79, 83, 87-89.
2. Cf. *ibid.*, p. 67 et *infra*, p. 75-77. Pour la conception d'Henri, *cf.* R. Cross, « The Condemnation of 1277 and Henry of Ghent on Angelic Location », dans I. Iribarren, M. Lenz (éd.), *Angels in Medieval Philosophical Inquiry*, Aldershot-Burlington, Ashgate, 2008, p. 73-88.
3. Cf. *ibid.*, p. 68 ; *infra*, p. 79-81.

laquelle Dieu ne saurait être défini [1]. Le second type de limitation concerne en revanche la détermination locale : en vertu de sa finitude, chaque créature est en effet contenue et définie dans des limites spatiales déterminées, de sorte à être située dans l'espace physique sans y être nécessairement circonscrite ; c'est le cas des substances spirituelles, qui se trouvent nécessairement quelque part dans l'univers corporel, à savoir « *non pas nulle part ni partout, mais ici et non là* » [2].

Cette modalité d'inscription dans l'espace du monde sensible est affranchie des conditions de localisation des corps. Il n'y a en effet ni lien de connaturalité, ni rapport de dépendance, ni commensurabilité de l'ange au lieu qu'il occupe. Pour cette raison, son rapport au lieu prend la forme d'un contact non quantitatif et non dimensionnel, un contact « mathématique » qui fait abstraction de toute dimension matérielle et de toute dépendance naturelle à l'égard du lieu. Cette solution repose sur la double distinction qui fonde la thèse d'Henri : en distinguant le lieu (*locus*) de la position (*situs*) et, au sein de celle-ci, la position naturelle (*situs naturalis*) de la position mathématique (*situs mathematicus*), Henri précise que seule la catégorie de position/situation (*situs*) est pertinente dans le cas des créatures spirituelles, dès lors que l'ange n'est pas circonscrit dans un lieu physique, mais est localisé uniquement dans le sens d'être situé quelque part [3]. Quant à la distinction entre la position naturelle (*situs naturalis*) – qui implique la dépendance de la chose localisée à l'égard de son lieu – et la position mathématique (*situs mathematicus*) – qui

---

1. Cf. *ibid.*, p. 70 ; *infra*, p. 85.
2. Cf. *ibid.*, p. 71 ; *infra*, p. 87.
3. Cf. *ibid.*, p. 59 et *infra*, p. 55.

n'implique aucune dépendance à l'égard d'un lieu plutôt
que d'un autre [1] –, elle permet de préciser que les anges
sont affranchis de toute dépendance et de tout rapport
naturel au lieu et qu'ils sont situés « localement »
uniquement selon la modalité du « *situs mathematicus* ».

La position d'Henri de Gand résulte de deux facteurs :
d'une part, des exigences dictées par la censure de 1277
et, de l'autre, du défi qui consistait à concevoir un rapport
au lieu physique dépourvu de tout caractère matériel,
quantitatif ou dimensionnel. Concernant le premier, Henri
respecte à la fois l'exigence d'inscrire l'être des choses
créées dans les coordonnées spatio-temporelles et celle
d'identifier un fondement de la localisation qui ne soit pas
la substance elle-même ; d'où le choix de la limite et de la
finitude des créatures spirituelles en tant que susceptibles
d'offrir un tel fondement. Concernant le défi de concevoir
la localisation des esprits dans l'espace physique sur un
mode non quantitatif, c'est l'idée de « position
mathématique » qui permettra à Henri de formuler une

---

1. Cf. *ibid.*, p. 60 et *infra*, p. 57-59 : « On appelle "position naturelle"
celle à laquelle une chose se rapporte en vertu d'une dépendance naturelle,
de sorte qu'il lui soit naturel d'être dans telle position, mais violent et
non naturel d'être ailleurs et en dehors d'elle [ ]. On appelle "position
mathématique" l'application de la chose à un lieu déterminé, soit en haut
soit en bas, en orient ou en occident, sans aucune dépendance naturelle
ni détermination à l'égard de l'un plutôt que de l'autre, bien que pour la
chose il demeure nécessaire par sa nature d'être dans l'un d'eux ». La
distinction entre « lieu naturel » et « lieu mathématique » était déjà
présente dans la question 5 du même *Quodlibet* (éd. cit., p. 30), où Henri
l'avait employée pour préciser la modalité de présence du corps du Christ
dans le sacrement eucharistique : « Et hoc modo, sicut substantia panis
per sua accidentia habuit esse in loco non naturali sed mathematico in
altari, et substantia corporis Christi non habet ibi esse nisi quatenus
transsubstantiata est substantia panis sub illis speciebus ibi existens in
corpus Christi ».

solution adéquate. Or il apparaît que cette solution annonce un dépassement du modèle « naturaliste » de la circonscription des corps, marqué quant à lui par un rapport de contenance et de dépendance à l'égard du lieu.

MATTHIEU D'AQUASPARTA : LA LOCALISATION
COMME COMMUNICATION D'UNE PRÉSENCE

Matthieu d'Aquasparta examine la localisation des substances spirituelles dans la deuxième de ses *Questions disputées sur l'âme séparée*, qui datent des années 1277-1279 et représentent vraisemblablement le premier ouvrage rédigé par le franciscain après la condamnation de 1277[1]. Cette dernière pourrait avoir constitué le moteur principal de cet écrit, dans lequel Matthieu semble vouloir justifier le bien-fondé de la censure promulguée par l'évêque de Paris[2]. Les *Quaestiones de anima separata* font place à trois unités thématiques : le mouvement de l'âme séparée (questions 1 à 3), sa connaissance (questions 4 et 5) et le châtiment des âmes qui se trouvent en enfer (questions 6 à 9). La problématique du lieu et de la localisation est ainsi

---

1. *Cf.* G. Gal, « Introduction » à *Quaestiones disputatae de anima separata, de anima beata, de ieunio et de legibus*, Quaracchi, Ad Claras Aquas, 1959, p. 13 ; L. Cappelletti, *Matteo d'Acquasparta vs Tommaso d'Aquino. Il dibattito teologico-filosofico nelle "Quaestiones de anima"*, Roma, Aracne, 2011, p. 164. Les *Quaestiones disputatae de anima XIII* sont en revanche antérieures à la condamnation de 1277 (*cf.* A.-J. Gondras, « Quaestiones de anima VI », *Archives d'histoire doctrinale et littéraire du Moyen Âge* 32 (1957), p. 203-352), alors que les *Quaestiones de anima VI* datent des années 1286-1287 (*cf.* L. Cappelletti, *Matteo d'Acquasparta, op. cit.*, p. 131).

2. *Cf.* L. Cappelletti, « Le condanne parigine sul moto locale delle sostanze separate nelle "Quaestiones de anima separata" di Matteo d'Acquasparta », *La Cultura* 3 (2009), p. 433-451.

étudiée dans le contexte d'une discussion sur le mouvement. Il convient par ailleurs de relever que Matthieu traite ensemble la localisation de l'âme séparée et celle de l'ange, ces deux entités étant désignées par le terme commun de « substance spirituelle ». Notons que ces substances sont distinguées des « intelligences séparées » des philosophes, lesquelles ne sont ni ne peuvent être unies à des corps[1].

La proximité du texte de Matthieu avec la condamnation de 1277 contribue certainement pour beaucoup à son ton polémique à l'encontre de Thomas d'Aquin. Désormais – affirme Matthieu – cette opinion ne peut plus être tenue pour défendable, car elle a été frappée de condamnation à deux reprises, en 1241 et en 1277[2]. Jugeant les propos de Thomas contraires tant aux Écritures qu'à la raison, Matthieu va leur opposer la thèse selon laquelle les substances spirituelles, loin d'être localisées par leurs opérations, se trouvent « *definitive* » en un lieu par leur essence, sans pour autant y être circonscrites. Il y a quatre raisons principales en faveur de cette thèse : l'ordre et l'agencement de l'univers, la limite intrinsèque à toute créature, la providence et l'ordre de la justice divine[3]. Afin de dégager la raison ultime d'une telle inscription dans le lieu physique, Matthieu s'attache principalement au motif de l'ordre et de la disposition du monde, ainsi qu'à celui de la finitude inscrite dans chaque nature ou essence créée. Aussi, les substances spirituelles sont-elles localisées par une « communication de leur présence » ou une « présentation de leur substance », ou encore par « la

---

1. *Cf.* Matthieu d'Aquasparta, *Quaestiones disputatae de anima separata*, q. II, éd. G. Gal, p. 20-39 (par exemple, p. 25, 27, et *passim*) ; L. Cappelletti, *Matteo d'Acquasparta, op. cit.*, p. 127-128.

2. Cf. *ibid.*, p. 26-27 ; *infra*, p. 111-113.

3. Cf. *ibid.*, p. 27-29 ; *infra*, p. 115-119.

délimitation de leur existence en tant que présente ». En effet, étant donnés le lieu corporel et l'agencement des parties du monde, les substances spirituelles ne peuvent pas ne pas « exhiber leur présence à un lieu », même si elles ne s'y trouvent pas par mode de contenance ou de circonscription [1]. En outre, dès lors qu'à chaque substance créée revient une mesure, un mode et une limitation propres à son essence [2], l'ange se trouve non seulement défini par rapport à un lieu, mais aussi et nécessairement délimité selon une mesure déterminée : pour cette raison, il ne peut pas occuper un lieu « qui s'étendrait jusqu'aux confins du monde » [3]. La présence des substances spirituelles dans le lieu physique implique ainsi une mesure quantifiable, même si une telle mesure n'est connue que de Dieu [4].

1. Cf. *ibid.*, p. 27-28 ; *infra*, p. 115-117.
2. Cf. *ibid.*, p. 31 et *infra*, p. 129 : « Or le fondement de la détermination et de la délimitation <dans un lieu> est la limite propre, la mesure et le mode de toute nature créée. Et puisque la substance spirituelle est une nature créée, elle a une mesure, un mode et une limite précise de sa puissance et de sa force, de même que de son existence ; de ce fait, elle est présente au lieu de manière à être déterminée et délimitée par rapport à un lieu ».
3. Cf. *ibid.*, p. 30 et *infra*, p. 123 : « Mais puisque son existence est limitée, elle a une limite précise et une mesure qui déterminent la quantité d'espace dans lequel elle peut se situer et auquel elle peut manifester sa présence » ; *ibid.*, p. 38 et *infra*, p. 151 : « À la quinzième objection on pourrait répondre que la substance spirituelle n'est pas dans un lieu en raison d'une configuration déterminée. Cependant, à ce qui est dit, à savoir que l'on peut tracer un quadrilatère jusqu'aux limites du monde, égal dans l'espace à un carré aussi grand que l'est une maison, je réponds que ( ) même si elle n'est pas dans un lieu en raison de sa configuration, ce n'est pas par un empêchement de sa configuration qu'elle ne pourrait pas être dans tout ce quadrilatère que l'on s'imagine, mais plutôt à cause de la distance des termes ».
4. Cf. *ibid.*, p. 30 ; *infra*, p. 123.

Bien que rattachée à la finitude du créé, la localisation des créatures spirituelles ne doit pas être considérée (uniquement) comme un signe d'imperfection. La capacité de se déplacer – c'est-à-dire de changer de lieu – relève en effet d'une perfection dont jouissent les êtres doués de liberté[1]. Or une telle liberté serait entravée si la localisation devait passer par l'exercice d'une opération[2]. L'ange est donc défini en un lieu par son être et y est présent à la manière de l'âme dans le corps, à savoir tout entier dans tout le lieu où il se trouve et en chacune de ses parties[3]. Matthieu d'Aquasparta – comme Richard de Mediavilla et Olivi après lui – inscrit donc le rapport au lieu dans l'être même des choses : en ce sens, on peut l'envisager comme un rapport « naturel » qui relie nécessairement les créatures spirituelles au lieu physique, sans qu'un tel caractère naturel n'implique une quelconque dépendance de la substance spirituelle à l'égard du lieu qu'elle occupe.

RICHARD DE MEDIAVILLA : LA LOCALISATION COMME "SIMULTANÉITÉ" AVEC UN LIEU

Les *Questions disputées* de Richard de Mediavilla semblent remonter aux années 1284[4]. Si cette datation permet de supposer qu'il ait commenté les *Sentences* à une date antérieure, il semble en revanche qu'il ait achevé la

---

1. On retrouvera ce motif chez Pierre de Jean Olivi.
2. Cf. *ibid.*, p. 29 ; *infra*, p. 121.
3. Cf. *ibid.*, p. 30 ; *infra*, p. 123.
4. *Cf.* M. Lambert, « Richard de Mediavilla », *Dictionnaire du Moyen Âge*, Paris, PUF, 2002, p. 1215-1216. Les *Questions disputées* ont été traduites par A. Boureau, *Richard de Mediavilla. Questions disputées : Les démons*, 6 vol., Paris, Les Belles Lettres, 2011 sq.

publication du IVe livre de son commentaire en 1295[1]. La rédaction du Ier livre pourrait ainsi être de peu antérieure à 1295, de sorte que la distinction XXXVII devrait précéder la publication de la question XXXII de Pierre de Jean Olivi[2].

Après avoir examiné le rapport de Dieu à l'espace et rejeté l'idée d'un espace extra-mondain[3], dans le deuxième article de la distinction XXXVII le *Doctor solidus* examine le rapport des créatures spirituelles au lieu physique. Articulée en quatre questions, cette analyse aborde les interrogations suivantes : 1) l'ange est-il nulle part?, 2) l'ange occupe-t-il un point indivisible de l'espace?, 3) peut-il occuper simultanément plusieurs lieux?, 4) plusieurs anges peuvent-ils occuper simultanément le même lieu?

(1) À la première question, Richard répond d'abord en critiquant la conception thomasienne de la localisation par l'agir. À cette thèse, le franciscain oppose l'autorité de Strabon et de Hugues de St. Victor, mais aussi la

---

1. *Cf.* E. Hocedez, *Richard de Middleton. Sa vie, ses œuvres, sa doctrine*, Louvain-Paris, Spicilegium sacrum lovaniense, Champion, 1925, p. 115-121. Dans le *Lexikon der theologischen Werke*, Stuttgart 2013, S. Ernst, auteur de la notice sur le commentaire des *Sentences* de Richard, reprend la même datation (*cf.* p. 690).

2. Cf. *infra*, p. 32-33.

3. Cf. *Scriptum super I librum Sententiarum*, d. XXXVII, a. I, q. 4, Brixiae 1591, p. 325a-b : « Deum esse extra mundum dupliciter potest intelligi (...); uno modo ita quod immensitas eius excedit mundum (...) et sic verum est (...). Alio modo potest intelligi Deum esse extra mundum, ita quod sit dare spatium extra mundum, in quo sit Deus, et sic falsum est : hoc enim ponere esset confirmare opinionem illorum qui opinabantur ultra ultimum caelum esse spatium infinitum, quae opinio falsa est ». Sur ce point, comme sur l'impossibilité du vide et de la compénétration des corps, Richard reste fidèle à Aristote.

condamnation de 1277, laquelle constitue l'arrière-plan de sa position. À l'encontre de la conception de Thomas d'Aquin, Richard de Mediavilla invoque notamment la raison de l'antériorité de l'être sur l'agir, en vertu de laquelle l'ange doit nécessairement se trouver en un lieu avant d'agir sur le corps qui l'occupe[1]. Dans le sillage du syllabus de 1277, il défend donc la thèse selon laquelle l'ange est localisé par son être, non toutefois de manière à être circonscrit, mais de manière à être présent en un lieu déterminé selon la modalité de la définition (ou délimitation). Afin de rendre compte des raisons d'une telle présence au lieu, Richard a recours à une explication causale fondée sur la doctrine aristotélicienne. Il identifie ainsi deux causes efficientes possibles de la présence au lieu, à savoir la volonté de l'ange et la puissance divine (qui ordonne une telle présence). Il précise de surcroît que la cause finale de la localisation réside dans la plus grande unité de l'univers. Quant à sa cause formelle, à savoir la raison propre et spécifique de la localisation de l'ange, il s'agit de sa simultanéité avec un lieu déterminé ou avec une chose existant en un lieu[2].

Dans le cadre des discussions sur cette problématique, il apparaît que le recours à la notion de simultanéité est propre à Richard de Mediavilla. Certes, sa position intègre aussi le motif de la limite intrinsèque à toute créature et celui de la structure et de l'ordre de l'univers – des motifs très présents chez les autres auteurs considérés ici –, mais Richard n'en fait pas la raison formelle et spécifique de la

1. Cf. *ibid.*, q. I, p. 326b; *infra*, p. 165. Cet argument avait déjà été invoqué par Matthieu d'Aquasparta : cf. *Quaestiones disputatae de anima separata*, q. II, éd. cit., p. 27 ; *infra*, p. 115.

2. Cf. *ibid.*, p. 327a et *infra*, p. 167 : « Je dis que la raison formelle de l'application de l'ange au lieu est sa simultanéité avec un lieu ou avec une chose existant dans un lieu ».

localisation des esprits. C'est en vertu de leur simultanéité, c'est-à-dire de leur coexistence avec un lieu physique, que ceux-ci sont localisés. Cette idée suppose également celle d'une articulation et d'une connexion de l'ensemble des créatures impliquant leur inscription dans les coordonnées spatio-temporelles, mais c'est à proprement parler la simultanéité ou la coexistence avec les lieux physiques qui constitue la raison spécifique du rapport des esprits aux lieux du monde.

Dans ses réponses à certaines objections, Richard se rattache à la position de Matthieu d'Aquasparta concernant l'articulation des créatures spirituelles au monde créé. Il affirme ainsi que du moment où le monde corporel existe, les anges sont nécessairement situés quelque part : pour cette raison, tout en admettant que Dieu pourrait faire en sorte qu'ils ne soient pas localisés alors même que le monde existe, il faut néanmoins considérer qu'ils le sont *de facto*, compte tenu de l'ordre actuel de l'univers [1]. Les anges sont ainsi dans le monde sans être circonscrits en un lieu corporel, mais en étant délimités par leur coexistence ou leur simultanéité avec un lieu déterminé. En d'autres termes, leur rapport au monde et leur rapport à un lieu déterminé du monde ne sont pas de même nature : ils sont en effet contenus dans le premier cas, mais ne le sont pas dans le second.

(2) Concernant la question de la présence de l'ange dans un espace divisible ou dans un indivisible (tel un point), Richard partage la thèse de certains parmi ses contemporains – il se réfère implicitement aux positions de Gilles de Rome et d'Henri de Gand –, à savoir qu'en raison de son incommensurabilité à l'espace physique, l'ange est présent tout entier simultanément à l'espace tout

1. Cf. *ibid.*, p. 327a-b ; *infra*, p. 169.

entier dans lequel il se trouve et à chacune de ses parties. Cette modalité de présence, analogue à celle de l'âme, s'explique par la simplicité qui caractérise les créatures spirituelles. Leur simplicité est en effet la « simplicité positive propre à une certaine grandeur spirituelle » : bien qu'infiniment éloignée de celle de Dieu, cette simplicité est « positive » et donc plus parfaite que celle du point, dont la simplicité « négative » indique seulement l'absence d'étendue. Ainsi, la simplicité qui caractérise l'ange lui octroie la prérogative d'une présence totale et simultanée à l'espace tout entier qu'il occupe et à chacune de ses parties [1]. Il s'ensuit que, à la différence des corps, les esprits sont indivisibles mais peuvent occuper un lieu divisible [2]; autrement dit, leur rapport au lieu étant soumis à d'autres lois, il ne requiert pas une correspondance de nature ou de statut entre le lieu occupé et le sujet qui l'occupe. Il demeure néanmoins une limite à l'étendue de l'espace pouvant être occupé par l'ange, car ce dernier ne peut pas occuper un espace plus grand que celui auquel il est tout entier simultanément présent ; en revanche, il n'y a pas de limite inférieure (en termes de dimensions) à sa localisation à l'intérieur de l'espace qui lui est approprié [3].

(3) Cette considération fonde la réponse à la troisième question, qui examine la possibilité de la multi-localisation des créatures spirituelles. Richard rejette cette possibilité : un ange ne peut pas occuper simultanément plusieurs lieux, du moins en vertu de sa puissance. Cela impliquerait en effet la capacité d'occuper une multiplicité de lieux, quelle

---

1. Cf. *ibid.*, p. 328a; *infra*, p. 177. Les propos de Richard sur la simplicité de l'ange rappellent ceux de Matthieu d'Aquasparta, *Quaestiones disputatae de anima separata, op. cit.*, q. II, p. 37 (*infra*, p. 147).

2. Cf. *ibid.*, p. 328a; *infra*, p. 177.

3. Cf. *ibid.*, p. 327b-328a; *infra*, p. 175.

que soit la distance qui les sépare; or une telle capacité aurait comme conséquence l'occupation d'un espace plus grand que le maximum d'espace auquel il peut coexister tout entier et simultanément. L'impossibilité de la multi-localisation est constitutive du rapport de l'ange au lieu et est impliquée dans sa modalité propre de localisation, à savoir la définition ou délimitation par rapport à un lieu : cette modalité indique précisément qu'en tant que délimité en un lieu déterminé, l'ange ne peut pas se trouver simultanément en un ou plusieurs autres lieux [1].

À l'objection faisant valoir que la multi-localisation pourrait être produite par la puissance divine, Richard répond que la question ne porte pas sur ce qui peut se produire de manière surnaturelle, mais sur le rapport naturel de l'ange au lieu. C'est ainsi qu'il faut comprendre la légende de Saint Ambroise, souvent invoquée pour justifier la multi-localisation : Ambroise se serait en effet rendu aux funérailles de Saint Martin alors même qu'il célébrait la messe à Milan et il aurait ainsi occupé deux lieux à la fois. Or selon Richard, on ne peut pas se servir de cet épisode pour appuyer la thèse de la multi-localisation, car ce que cette légende raconte n'a pu se produire que par une intervention divine ou par le fait qu'un ange a revêtu l'apparence de Saint Ambroise aux funérailles de Saint Martin [2]. Il faut donc distinguer clairement le plan naturel du plan surnaturel, de manière à ne pas avoir recours à un motif d'ordre surnaturel lorsqu'on argumente sur le plan naturel [3].

1. Cf. *ibid.*, p. 329a; *infra*, p. 185; *cf.* T. Suarez-Nani, « Vers le dépassement du lieu », *op. cit.*, p. 141-142.

2. Cf. *ibid.* et *infra*, p. 187.

3. Le recours à la toute-puissance divine sera en revanche décisif dans la position de Duns Scot : cf. *Ordinatio* II, d. 2, p. 2, q. 3, éd. Vaticana, Roma 1973, p. 271 : « Sed quod in duobus locis (sive adaequatis sive

(4) La question qui porte sur la possibilité de la compénétration des esprits connaît une solution analogue : plusieurs esprits créés ne peuvent pas occuper le même lieu en vertu d'une puissance créée. La raison invoquée ici reprend l'axiome aristotélicien de l'impénétrabilité des corps : la présence de plusieurs anges en un même lieu impliquerait en effet leur compénétration – ce qui ne peut être admis car Dieu seul est à même de pénétrer dans l'esprit d'une créature [1]. Répondant ensuite à certaines objections, Richard a implicitement recours à Thomas d'Aquin, qui avait rejeté l'idée que par une puissance créée un corps glorieux puisse se trouver au même endroit qu'un corps non glorieux [2]. Se fondant sur l'analogie avec la

---

non) posset esse per potentiam divinam, certum puto, quia nullam contradictionem includit, ut dicetur in IV, in materia de eucharistia » ; *ibid.*, p. 270 : « De possibilitate tamen eorum naturali, videtur probabile quod non possit simul unus esse in duobus locis quorum uterque sit sibi adaequatus secundum ultimum potentiae suae : puta, si secundum ultimum potentiae suae potest esse in loco unius milliaris, non potest virtute sua propria esse in duobus locis talibus, quia tunc iste locus non videtur sibi esse adaequatus secundum virtutem suam naturalem » ; *Lectura in II Sententiarum* II, d. 2, p. 2, q. 3-4, éd. Vaticana, Roma 1972, p. 172 : « non tamen video quare non (ex quo non est in omni loco – in quo est – secundum ultimum potentiae suae) potest derelinquere medium et manere in extremis, et sic esse in duobus locis simul ». À ce propos *cf.* T. Suarez-Nani, « Un défi aux lois de la nature : un corps dans plusieurs lieux à la fois », dans N. Weill-Parot, R. Poma, M. Sorokina (éd.), *Les confins incertains de la nature (XIIᵉ-XVIᵉ siècle)*, à paraître.

1. *Cf.* Richard de Mediavilla, *Scriptum super I Sententiarum*, d. XXXVII, a. II, q. IV, p. 329b et *infra*, p. 193 : « plusieurs anges ne peuvent pas se trouver simultanément dans le même lieu en vertu d'une puissance créée, car quelles que soient les choses qui se trouvent en même temps dans le même lieu, il faut que l'une pénètre l'autre. (...) Or aucun esprit ne peut, par une puissance créée, s'introduire dans un autre esprit ».

2. *Cf.* Thomas d'Aquin, *In IV librum Sententiarum*, d. XLIV, q. II, a. II, Parmae 1858, vol. II, p. 1091b-1092a : « Restat ergo quod necessitas distinctionis duorum corporum in situ causatur a natura quantitatis dimensivae, cui per se convenit situs. (...) subtilitas autem a corpore

présence de l'âme dans le corps, Richard considère quant à lui qu'un ange peut se trouver au même endroit qu'un corps, car il a la capacité de le pénétrer, alors qu'il ne peut pas s'introduire dans l'esprit d'une autre créature[1]. À l'objection qui fait valoir la coprésence des démons et de l'âme dans le corps d'un possédé, le franciscain répond qu'un démon ne peut pas occuper le corps à la manière de l'âme, ni coïncider avec elle dans un même lieu, car il ne peut être présent que dans les humeurs corporelles ou les interstices réservés aux vapeurs subtiles[2]. Ces considérations confirment le choix de Richard d'examiner cette problématique en s'en tenant au point de vue de la nature et des facultés naturelles des esprits créés, sans avoir recours à des éléments surnaturels.

D'une manière générale, il apparaît ainsi que le *Doctor solidus* partage la position de la plupart des auteurs s'exprimant après la censure de 1277, à savoir la thèse de la localisation de l'ange par l'être. Son argumentation fait toutefois place à des éléments que l'on ne trouve pas, ou de manière moins significative, chez ses contemporains, qu'il s'agisse de la notion de simultanéité, d'un usage important de la distinction entre différentes sortes de

glorioso dimensionem non aufert; unde nullo modo aufert sibi predictam necessitatem distinctionis situs ab alio corpore; et ita corpus gloriosum non habebit ex sua subtilitate quod possit esse cum alio corpore. (...) et ita corpus gloriosum (...) poterit esse simul cum alio corpore ex operatione virtutis divinae (...). Divina virtute, et ea sola, fieri potest ut accidens sit sine subiecto, ut patet in sacramento altaris; et similiter divina virtute fieri potest, et ea sola, quod corpori remaneat esse distinctum ab alio corpore, quamvis eius materia non sit distincta in situ ab alterius corporis materia; et sic miraculose fieri potest quod duo corpora sint in eodem loco ».

1. *Cf.* Richard de Mediavilla, *Scriptum in I librum Sententiarum*, d. XXXVII, a. II, q. IV, p. 330a et *infra*, p. 195.

2. Cf. *ibid.* et *infra*, p. 197.

simplicité, de l'accent mis sur la distinction entre le plan naturel et le plan surnaturel, du recours aux causes aristotéliciennes ou de la distinction entre le rapport de l'ange au monde et son rapport à un lieu particulier du monde. Aussi, tout en envisageant la localisation des esprits créés comme étrangère à celle des corps et affranchie de certaines de ses lois, Richard semble davantage attaché que les autres auteurs examinés ici aux paramètres de la physique d'Aristote, qu'il invoque à plusieurs reprises pour appuyer sa position.

PIERRE DE JEAN OLIVI ET LA LOCALISATION COMME RAPPORT INTRINSÈQUE

La problématique de la localisation des anges est discutée par Olivi dans la question XXXII de son commentaire du IIe livre des *Sentences*[1]. Selon les indications de Sylvain Piron, cette question fait partie d'un groupe de questions « fortement reliées entre elles, qui semblent faire écho aux évènements parisiens de 1277 »[2] et dans lesquelles on trouve de nombreuses allusions aux « averroïstes » : ainsi, « les condamnations parisiennes de mars 1277 forment la toile de fond de tous ces textes »[3]. Quant à la datation de la question XXXII, Sylvain Piron penche pour l'hypothèse selon laquelle la version de ce texte éditée par Jansen – et que nous traduisons – remonte au remaniement effectué par Olivi lui-même autour de

---

1. Petrus Ioannis Olivi, *Quaestiones in II Sententiarum*, q. XXXII, éd. B. Jansen, vol. I, Quaracchi, Ad Claras Aquas, 1922, p. 571-591.
2. Cf. S. Piron, « Olivi et les averroïstes », dans D. Calma, E. Coccia (éd.), *Les « sectatores Averrois ». Noétique et cosmologie aux XIIIe-XIVe siècles*, Freiburger Zeitschrift für Philosophie und Theologie 53 (2006, 1/2), p. 251-309 (notamment p. 255-256).
3. Cf. *ibid.*, p. 256.

1295 en vue de l'édition de sa *Summa*; cette question remplacerait ainsi une question sur la localisation des anges disputée avant mars 1277 et dont le contenu doctrinal semble avoir été quelque peu différent[1]. Nous partageons cette hypothèse et apportons une raison supplémentaire en faveur de cette datation : dans le texte que nous traduisons, s'agissant de la problématique de la destruction divine des corps, Olivi renvoie à la position formulée par Henri de Gand dans le *Quodlibet* XV, question IV[2]; ce *Quodlibet* datant de 1291, la rédaction de la question XXXII par Olivi est donc postérieure à cette date. Par conséquent, comme indiqué auparavant, on peut considérer avec vraisemblance qu'elle est postérieure ou, tout au plus, contemporaine des questions du commentaire du Ier livre des *Sentences* de Richard de Mediavilla sur la même thématique.

---

1. *Cf.* S. Piron, « Le métier de théologien selon Olivi », dans C. König-Pralong, O. Ribordy, T. Suarez-Nani (éd.), *Pierre de Jean Olivi – philosophe et théologien*, Berlin-New York, De Gruyter, 2010, p. 23-24. Cette datation de la question XXXII permet de lever le doute quant à sa postérité par rapport à celle de Matthieu d'Aquasparta, dont elle partage plusieurs motifs : celui de la connexion de tous les êtres, celui de la capacité de mouvement comme indice de liberté ou encore l'hypothèse de la destruction des corps, à laquelle Olivi consacre une attention toute particulière ; il apparaît à présent que lors de sa rédaction révisée vers 1295, Olivi a pu reprendre ces éléments de Matthieu, tout en les développant davantage. Quant à la question sur le même sujet rédigée avant 1277, grâce à une transcription partielle de Sylvain Piron – que nous remercions pour la mise à disposition de son texte –, revue récemment par Anik Sienkiewicz-Pépin, il apparaît que le contenu doctrinal est le même, mais qu'il se présente sous une forme partielle et fortement abrégée par rapport au long traitement dont la localisation de l'ange fera l'objet dans la question XXXII.

2. *Cf.* Pierre de Jean Olivi, *Quaestiones in II Sententiarum*, q. XXXII, éd. Jansen, p. 579 ; *infra*, p. 229.

Comme la plupart des questions oliviennes sur le IIᵉ livre des *Sentences*, la question XXXII est très dense et présente une structure complexe, dont il sera utile de dégager l'articulation avant d'en résumer le contenu.

Structure de la question XXXII :
 « On demande si la substance
 de l'ange se trouve en un lieu corporel »

Énoncé de deux positions :

  I. la localisation par l'agir (Thomas d'Aquin)

  II. la localisation par l'être ou « *per se* » (Bonaventure, Guillaume de la Mare, Henri de Gand, Matthieu d'Aquasparta) ; réfutation de certains arguments produits en faveur de cette position.

  III. La position d'Olivi : les anges sont localisés par leur être. Justification de cette thèse par quatre argumentations fondées sur :

  III. 1. l'ordre qui relève de l'existence et de la présence des choses dans l'univers

  III. 2. l'ordre de l'agir

  III. 3. l'ordre du mouvement

  III. 4. l'analogie avec la présence de l'âme dans le corps

À ces quatre argumentations s'ajoutent :

  III. 5. des arguments d'autorité (tirés des *Écritures*)

  III. 6. huit arguments supplémentaires

Olivi examine ensuite deux points particuliers :

  III. 7. l'objection concernant la capacité infinie de l'ange

  III. 8. l'argument de la partialité de tous les étants créés

La dernière partie de la question (III. 9) est consacrée à l'examen de la difficulté relative à la suppression des corps ; Olivi prend en considération trois solutions :

La position d'Olivi

Comme cette structure le montre, la démarche du franciscain prend appui sur de nombreux arguments, invoqués pour corroborer une thèse à laquelle il accorde une grande importance. Pour cette raison, et malgré sa proximité avec les solutions déjà formulées par ses confrères, Olivi présente une justification propre de la localisation des créatures spirituelles par leur être et juge « ridicules » les raisons produites par « certains » en faveur de la même position [1]. Cette prise de distance pourrait être due à l'importance que la thèse de la localisation des esprits créés revêt dans la pensée du franciscain : loin de concerner uniquement leur statut ontologique dans l'ordre de l'univers, la localisation détermine également leur agir et, surtout, leur rapport aux réalités du monde en termes de connaissance et de volonté.

---

1. Olivi critique notamment l'argument de la distinction par les lieux, selon lequel, si les anges n'étaient pas dans des lieux différents, ils coïncideraient et formeraient tous un seul ange ; il réfute l'argument de la contenance, d'après lequel les anges sont localisés car tout ce qui existe est contenu par la sphère céleste extérieure ; il critique enfin l'argument qui faisait de la localisation des anges une nécessité pour l'ornement des cieux, ainsi que celui qui justifiait leur localisation par le fait que toutes choses dépendent nécessairement du lieu. La cible de ces critiques pourrait être en partie Bonaventure (cf. *In II Sententiarum*, d. II, p. II, art. II, q. II, ed. Collegii S. Bonaventurae, Quaracchi, Ad Claras Aquas, 1885, p. 76-77 et 84).

Quel est donc le fondement de l'inscription nécessaire des créatures spirituelles dans les lieux du monde ? Olivi fait appel à trois ordres de rapports qui marquent intrinsèquement chaque créature : l'ordre de la présence, l'ordre de l'agir et l'ordre du mouvement.

1) Le premier ordre relève de l'« être-là », c'est-à-dire de la présence nécessaire de chaque chose aux autres réalités du monde dont elle fait partie. L'articulation de l'univers implique en effet la coexistence de chaque entité créée avec les autres créatures, y compris avec les esprits, ce qui présuppose leur présence mutuelle et leur localisation. Cette coexistence nécessaire est avant tout une donnée de fait, mais pour Olivi elle constitue également une perfection, car « *chaque étant créé est plus parfait s'il est pris avec les autres et coordonné aux autres que s'il est envisagé par lui-même et séparé ("segregatus") des autres* »[1]. Les rapports qui lient toutes les choses entre elles constituent ainsi à la fois un signe de perfection dans le cadre du créé et une marque de finitude par rapport au créateur : la partialité de chaque existence créée requiert en effet le concours des autres créatures, alors que Dieu seul n'a besoin de rien d'autre. Pour cette raison, les rapports mutuels, l'ordre et la connexion qui relient les choses entre elles et au tout qu'est l'univers sont nécessaires et déterminent le mode d'exister de ces choses : « *Il faut donc que tous les étants créés possèdent un mode d'exister qui ne soit pas entièrement abstrait et affranchi de tout rapport et de toute connexion aux autres étants* »[2]. Dans cette

---

1. Cf. *Quaestiones in II Sententiarum*, q. XVI, éd. cit., p. 313 ; traduction française dans : *Pierre de Jean Olivi. La matière*, textes introduits, traduits et annotés par T. Suarez-Nani, C. König-Pralong, O. Ribordy et A. Robiglio, Paris, Vrin, 2009, p. 129.

2. Cf. *Quaestiones in II Sententiarum*, q. XXXII, éd. cit., p. 573 ; *infra*, p. 209.

optique, ne pas admettre la localisation des anges par leur être signifierait leur attribuer une existence qui fait abstraction de tout rapport de distance et de présence aux choses du monde, c'est-à-dire une existence « séparée » ou absolue, indépendante de l'ordre de l'univers dont ils sont des parties [1].

Ce premier argument fait ainsi du rapport au lieu une marque de l'être de toutes les créatures, dont il manifeste le caractère foncièrement relationnel : rien n'est séparé, affranchi ou « séquestré » des autres choses et du monde. Par ailleurs, chaque entité s'articule aux autres et à l'univers en tant que partie d'un ensemble auquel elle est liée par des rapports également « partiels », c'est-à-dire dépourvus de tout caractère absolu [2]. L'inscription dans les coordonnées de l'espace s'avère de ce fait solidaire de la partialité et de la finitude du créé, laquelle exige la connexion des parties au tout dans lequel elles s'inscrivent.

2) Le deuxième ordre justifiant l'inscription des créatures spirituelles dans les lieux du monde est celui de l'agir. Dans cette argumentation intervient une des notions

---

1. Cf. *ibid.* et *infra*, p. 209 : « Or si les anges possèdent une existence qui fait totalement abstraction de tout rapport de distance et de présence à tous les corps du monde et inversement, dans ce cas il n'y aurait entre eux, en tant que parties de l'univers, ni ordre ni connexion ». Un argument semblable était déjà présent chez Matthieu d'Aquasparta, *Quaestiones disputatae de anima separata*, *op. cit.*, q. II, p. 31 (cf. *infra*, p. 127-129).

2. Cf. *ibid.*, p. 583-584; *infra*, p. 243 : « Or si entre un ange qui existe en acte en lui-même et des corps qui existent en acte il n'y a pas de présence ni de distance réciproque, ne serait-ce que potentielle ou selon l'aptitude, (…) alors leurs existences, en vertu desquelles chacun est présent à lui-même, ne semblent pas avoir de rapport partiel ni de connexion réciproque. De ce fait, il faudrait que soit chacune des deux, soit l'une d'elles possède un mode d'existence parfaitement absolu et universel, comme celui qui n'est propre qu'à Dieu seul ».

fondamentales de la pensée d'Olivi : celle d'« *aspectus* », qui indique le rapport d'intentionnalité qui lie chaque sujet à son objet. Un sujet ne peut en effet se diriger vers un objet pour le connaître, le vouloir, ou agir sur lui, qu'en vertu d'une visée intentionnelle qui constitue la condition *sine qua non* de tout rapport avec tel objet déterminé. Cette dynamique de l'intentionnalité – signifiée dans la question XXXII par la formule « *aspectus presentialiter protensus et fixus* »[1] – implique par ailleurs un rapport de présence du sujet à son objet, une présence qui est locale et qui renvoie de ce fait à leurs lieux respectifs. Au niveau du sujet humain, cette condition requiert que l'âme se rapporte aux objets du monde par la médiation du corps dont elle est la forme et dans lequel elle est présente également comme une substance présente à la substance du corps et à son lieu[2].

Dans le cas de l'ange, Olivi fait intervenir une condition analogue : dépourvu de corps, l'ange ne peut se rapporter à un objet, et agir sur lui, que s'il lui est présent par une visée intentionnelle, laquelle détermine l'ange localement. En d'autres termes, la connaissance, le vouloir et l'agir requièrent une présence du sujet au lieu de son objet qui a pour effet de le localiser[3]. La localisation se

---

1. Cf. *ibid.*, p. 574 ; *infra*, p. 211. Pour l'articulation de l'âme au corps selon Olivi voir Th. Schneider, *Die Einheit des Menschen. Die anthropologische Formel « anima forma corporis » im sogenannten Korrektorienstreit und bei Petrus Johannis Olivi. Ein Beitrag zur Vorgeschichte des Konzils von Vienne*, Münster, Aschendorff, 1973.

2. Cf. *ibid.*, p. 577 et *infra*, p. 221-223.

3. Cf. *ibid.*, p. 574 et *infra*, p. 211 : « par conséquent, avant qu'il n'agisse dans les choses corporelles ou avant qu'il ne les connaisse en tant qu'elles sont dans leurs lieux propres, il faut que le regard de l'ange soit d'abord dirigé et fixé sur elles de manière à leur être présent ;

présente ainsi comme une propriété essentielle de chaque sujet créé, dont elle constitue la condition nécessaire pour tout rapport avec les objets du monde.

Ce deuxième argument n'est pas étranger au motif de la finitude du créé. Renouant avec certaines thèses développées dans les questions XXIII et XXVI – qui traitent de la physique de l'action et du mouvement [1] –, et dans le prolongement de sa critique de la position thomasienne, Olivi rejette notamment la possibilité que les anges puissent agir à distance : aucune puissance finie ne peut agir immédiatement sur des choses infiniment distantes « comme si elles n'étaient pas distantes », car cela impliquerait une visée intentionnelle capable de porter virtuellement sur une distance infinie et sur tous les lieux possibles – une capacité qui ne revient qu'à Dieu. Cet éclairage confirme ainsi la nécessité que l'ange soit localisé, c'est-à-dire présent localement à l'objet de son agir, de sorte à ne

mais cela est impossible si la substance, dans laquelle ce regard existe formellement, n'est pas présente <à leurs lieux>, de sorte à être présente immédiatement à certains d'entre eux, médiatement à d'autres ou immédiatement à tous ». Les notions d'*aspectus* et de *colligantia*, qui marquent l'ensemble de la pensée olivienne, pourraient dériver de Guillaume d'Auvergne : *cf.* N. Weill-Parot, *Points aveugles de la nature. La rationalité scientifique médiévale face à l'occulte, l'attraction magnétique et l'horreur du vide (XIIIᵉ-milieu du XVᵉ siècle)*, Paris, Les Belles Lettres, 2013, p. 103-105.

1. Concernant la doctrine de l'action et du mouvement, nous renvoyons à l'étude très fouillée de D. Demange, « La physique olivienne de l'action et du mouvement », qui paraîtra prochainement : nous remercions D. Demange d'avoir mis à notre disposition cette étude avant sa parution. Olivi a examiné le problème du mouvement dans la question « Utrum motus localis dicat absolutum supra mobile ipsum quod movetur localiter », éditée par A. Maier dans *Zwischen Philosophie und Mechanik. Studien zur Naturphilosophie der Spätscholastik*, Roma, 1958, p.299-319.

pouvoir agir sur des objets distants qu'en passant par les objets intermédiaires et leurs lieux[1].

L'enjeu de cette argumentation[2] est donc celui de la limite de toute puissance créée : une telle limite requiert l'inscription de chaque créature dans les coordonnées de

1. Cf. *ibid.*, p. 574 et *infra*, p. 211-213 : « De même, aucune puissance finie ne peut agir immédiatement et comme s'il n'y avait pas de distance sur des choses infiniment distantes (…). Or si la substance de l'ange, sans aucune présence aux lieux du monde, est capable d'agir sur n'importe lequel d'entre eux, elle agira de toute façon sur ces lieux comme s'il n'y avait pas de distance et de manière immédiate, car l'action reçue dans ces lieux sera conjointe immédiatement au moins à son <principe> efficient immédiat ou premier et proche ; et pour la raison pour laquelle elle est capable d'agir <ainsi> sur les lieux du monde, elle l'est <également> par soi à l'égard d'une infinité de lieux ; la puissance de l'ange aurait de ce fait une étendue infinie capable d'atteindre virtuellement tous les lieux possibles pour Dieu ».

2. Comme indiqué, cette argumentation est confirmée par la doctrine formulée dans les questions XXIII et XXVI. Dans la question XXIII (éd. cit., p. 423 et 433), s'agissant de déterminer si tout agent est présent à son patient, Olivi pose la nécessité de leur rapport immédiat et affirme que lorsqu'une distance le sépare du patient, l'agent doit être présent aux objets intermédiaires et à leurs lieux. Par ailleurs, critiquant la doctrine de la multiplication des espèces, dans la question XXVI (éd. cit., p. 459) Olivi pose le principe de l'action à distance instantanée, conçue comme le fait que l'agent imprime sa puissance tout entière et simultanément sur le patient, ce qui présuppose que l'agent et le patient sont synchrones : pour cette raison, lorsqu'un obstacle les sépare, l'action est interrompue jusqu'à la suppression de celui-ci (*ibid.*, p. 450-452). Dans la même question XXVI, en vue de réfuter l'objection selon laquelle l'instantanéité de l'action impliquerait une puissance infinie du côté de l'agent, Olivi fait référence au mouvement local des anges (et du corps glorieux du Christ) pour nier que ceux-ci puissent traverser instantanément plusieurs lieux continus : malgré l'absence de résistance de la part du milieu, les anges doivent passer par tous les lieux intermédiaires. En d'autres termes, même dans un espace vide qui n'opposerait aucune résistance, le mouvement local des esprits (et des corps glorieux) serait successif et continu (*ibid.*, p. 463). Sur ces problématiques, *cf.* D. Demange, « La physique olivienne de l'action et du mouvement », *op. cit.*

l'espace et du temps, à savoir une présence locale qui singularise le sujet et son agir. Ici comme ailleurs, Olivi cherche à éviter l'écueil de l'infinité : il apparaît alors que renoncer à la détermination locale des esprits créés impliquerait d'admettre une indétermination pouvant signifier une capacité potentiellement infinie, affranchie de la limite que constitue la distance spatiale. Une telle capacité impliquerait par ailleurs la possibilité d'agir sur toutes choses indistinctement : sur celles qui sont proches comme sur celles qui sont éloignées, ainsi que sur leurs intermédiaires – une capacité infinie qui n'est propre qu'à Dieu[1].

3) La troisième argumentation en faveur de la localisation des créatures spirituelles prend appui sur l'ordre du mouvement. Olivi fait ici valoir que la capacité de se mouvoir vers les lieux du monde, de s'éloigner ou de se rapprocher de tel ou tel lieu, relève de la liberté de chaque sujet et constitue ainsi une perfection dans l'ordre du créé[2]. Or le mouvement local implique que le terme initial (*a quo*) soit abandonné pour aller vers le terme final (*ad quem*) du déplacement : ce passage d'un terme à l'autre requiert nécessairement la présence préalable au premier et la distance par rapport au second, une présence et une distance qui signifient la localisation de ce qui se meut. Le mouvement local présuppose par ailleurs une visée

---

1. Cf. *ibid.*, p. 583 ; *infra*, p. 241. Ces considérations trouvent leur pendant physique dans la question III, dans laquelle Olivi démontre l'impossibilité d'un infini en acte et de la division du continu en indivisibles. Sur l'anti-atomisme d'Olivi, *cf.* D. Demange, « La physique olivienne de l'action et du mouvement », *op. cit.*

2. Cf. *ibid.*, p. 576 ; *infra*, p. 217 : « dans chaque créature intellectuelle la capacité de se mouvoir vers divers lieux du monde, de se joindre aux choses et <de joindre> les choses à soi, de même que la capacité de s'éloigner d'elles, relève d'une grande liberté ». Rappelons que ce motif était déjà invoqué par Matthieu d'Aquasparta : cf. *supra*, p. 23-24.

intentionnelle analogue à celle qui intervient dans la connaissance et le vouloir : aussi, l'ange qui se meut doit être « orienté et dirigé par sa puissance vers le terme du mouvement » (« *virtualiter protensus in terminum motus* »), ce qui requiert présence et localisation [1]. Dans cette argumentation, la localisation se présente ainsi comme une condition d'exercice de la liberté des sujets créés – une liberté qui ne peut toutefois pas s'extraire des coordonnées spatio-temporelles et de leurs lois. De ce fait, l'espace et le temps marquent également ce qui pour Olivi constitue la plus haute noblesse des créatures intellectuelles.

Il apparaît à présent que la coexistence de toutes les créatures, leur connaissance et leur vouloir, de même que la capacité de déplacement d'un lieu à un autre, instaurent autant de rapports impliquant la localisation de leurs sujets. Loin d'être un accident extrinsèque [2], la détermination locale caractérise l'être de tout étant créé ; de ce point de vue, elle relève davantage de la catégorie de la relation que de celle de l'« *ubi* ». L'espace et le temps sont ainsi inscrits dans l'existence « partielle », limitée, finie et relationnelle de toutes les créatures.

---

1. Cf. *ibid.*, p. 576 ; *infra*, p. 219.
2. Ce sera la position de Duns Scot : cf. *Ordinatio* IV, d. 10, p. 1, q. 2, éd. Vaticana, Roma 2010, p. 92 : « "ubi" non dicit nisi respectum extrinsecus advenientem (…). Ipsa autem "ubi" sunt manifeste posteriora ipso "quanto" locato, et accidentaliter et contingenter advenientia » ; ainsi que *Quodlibet*, q. XI, éd. Wadding, *Opera omnia*, t. 25, Paris 1895, p. 450a : « ille <respectus> est extrinsecus adveniens, qui non necessario consequitur fundamentum, etiam posito termino. (…) ita videtur esse de ubi, quia potest Deus conservare idem locabile et eundem locum, et tamen non manebit eadem circumscriptio, quia corpus est absens ab illo loco ». À ce propos, *cf.* T. Suarez-Nani, « L'espace sans corps : étapes médiévales de l'hypothèse de l'*annihilatio mundi* », dans T. Suarez-Nani, O. Ribordy, A. Petagine (éd.), *Lieu, espace, mouvement : physique, métaphysique et cosmologie*, Roma-Barcelona, FIDEM, 2016, p. 93-107.

À ces argumentations, Olivi ajoute plusieurs autres raisons, parmi lesquelles il convient de rappeler le motif de la « quantité intellectuelle »[1]. Dès lors que l'ange se rapporte aux choses par mode de présence ou de distance spatiale, cette dernière est nécessairement de l'ordre de la quantité, même s'il s'agit d'une quantité « spirituelle » ou « intellectuelle ». Aussi, tout au long de la question XXXII le franciscain a recours aux notions de « distance » et de « grandeur spirituelle », allant jusqu'à concevoir la possibilité d'une « dilatation » et d'une « condensation » permettant aux créatures spirituelles de « se répandre spirituellement » de sorte à occuper un lieu plus ou moins grand[2].

Pour terminer, signalons que dans le contexte de cette question Olivi soulève une difficulté qui donnera lieu à un développement particulièrement intéressant : il s'agit de l'hypothèse de la destruction des corps, dont l'examen va lui permettre de renforcer la thèse de la localisation nécessaire des esprits dans l'univers corporel. Cette hypothèse prend appui sur une expérience de pensée fondée sur la toute-puissance divine : que se passerait-il si Dieu détruisait tous les corps du monde inférieur tout en laissant subsister le monde supra-lunaire et les créatures spirituelles ? Si le monde matériel était vidé de tout ce qu'il contient, les anges seraient-ils encore localisés dans l'espace physique ? L'objectif de ce questionnement était manifestement d'examiner la portée de la détermination locale qui

---

1. Cf. *Quaestiones in II Sententiarum*, q. XXXII, éd. Jansen, p. 580 et *infra*, p. 233.

2. Cf. *ibid.*, p. 587 ; *infra*, p. 255 : « les substances intellectuelles peuvent parfois restreindre davantage leur capacité à se répandre dans des lieux jusqu'à occuper un lieu plus petit, alors que parfois, en vertu d'une certaine dilatation spirituelle vers les choses extérieures, elles peuvent occuper un lieu plus grand ».

affecte les esprits créés : subsiste-t-elle en l'absence des corps qui en constituent les termes de référence ?

L'hypothèse de la destruction divine des corps du monde – qui aura une longue histoire et une importance toute particulière à l'Âge classique, par exemple chez Thomas Hobbes ou Pierre Gassendi [1] – a été envisagée par de nombreux auteurs du Moyen Âge latin, tant dans le contexte de la philosophie de la nature [2] que dans celui de la métaphysique [3]. La réponse d'Olivi à cette difficulté consiste à dire que les créatures spirituelles demeureraient localisées dans l'espace physique même en l'absence des corps, car la détermination locale ne résulte pas d'une causalité exercée par les corps, mais de rapports intrinsèques à l'être des créatures [4]. Dans le contexte angélologique, Olivi parvient ainsi à affranchir le rapport au lieu de toute causalité extérieure à la substance localisée et de toute dépendance à l'égard d'un corps contenant – il s'agit là d'un écart important, bien qu'implicite, à l'égard des conditions de localisation établies par Aristote au IVᵉ livre de la *Physique*. Comme on l'aura observé, cet écart résulte d'une

---

1. *Cf.* G. Paganini, « Hobbes, Gassendi und die Hypothese der Weltvernichtung », dans M. Muslov, M. Stamm (éd.), *Konstellationsforschung*, Frankfurt, Suhrkamp, 2005, p. 258-339, et, du même auteur : « Le lieu du néant. Gassendi et l'hypothèse de l'« *annihilatio mundi* », *Dix-septième siècle* 233 (2006), p. 590-591.

2. Par exemple chez Jean Buridan et Albert de Saxe : *cf.* J. Biard, « Albert de Saxe et l'idée d'espace infini », dans T. Suarez-Nani, M. Rohde (éd.), *Représentations et conceptions*, *op. cit.*, p. 226-227, et, du même auteur : « Le concept de vide selon Albert de Saxe et Jean Buridan », dans J. Biard, S. Rommevaux (éd.), *La nature et le vide dans la physique médiévale*, *op. cit.*, p. 269-292.

3. Pour un premier examen de cette hypothèse chez Olivi, Henri de Gand et Jean Duns Scot, *cf.* T. Suarez-Nani, « L'espace sans corps », *op. cit.*

4. *Cf.* Pierre de Jean Olivi, *Quaestiones in II Sententiarum*, q. XXXII, éd. Jansen, p. 590 ; *infra*, p. 263-265.

intériorisation du rapport au lieu, un rapport qui est désormais conçu comme une détermination intrinsèque résultant de la finitude de chaque créature et de son articulation nécessaire aux autres réalités du monde. En s'écartant de la conception aristotélicienne du lieu comme limite du corps contenant, Olivi ne développe pourtant pas une doctrine qui conduira à l'idée d'un espace absolu, mais procède plutôt à une réduction du lieu aux choses localisées, inaugurant de la sorte une perspective qui sera celle de Guillaume d'Ockham [1].

BILAN

Pour conclure, relevons d'abord un aspect qui concerne la méthode de travail des auteurs présentés ici. Comme on pourra le constater à la lecture des textes proposés, ces auteurs procèdent à un examen fouillé qui prend en considération les solutions précédemment élaborées, ainsi que de nombreuses sources et autorités. Eu égard aux positions contemporaines, ces textes sont reliés les uns aux autres par un dense réseau de renvois. L'intertextualité est ainsi une marque saillante de ces écrits : elle manifeste la méthode de travail qui y est déployée – axée sur la confrontation des arguments –, mais aussi l'intérêt de la thématique discutée, de ses enjeux et du vaste débat qu'elle a suscité. Loin d'être marginale, la question de la localisation

---

1. Dans la conception d'Olivi, le lien entre les choses et leurs lieux est tel que les unes ne sont pas sans les autres : en ce sens, on peut considérer qu'il défend une « théorie relativiste de l'espace » ; *cf.* D. Demange, « La physique olivienne de l'action et du mouvement », *op. cit.* Pour la « réduction du lieu aux choses localisées » voir A. Rodolfi, « Puralità dei mondi, spazio e onnipotenza divina. Pietro di Giovanni Olivi a confronto con Tommaso d'Aquino », *Memorie domenicane* 2010, p. 199-221 et J. Biard, « L'unité du monde selon Guillaume d'Ockham », *Vivarium*, 22 (1984), p. 63-83.

des esprits a constitué un défi théorique pour de nombreux auteurs, permettant à certains d'entre eux de faire preuve de leur talent argumentatif.

Les questions sur la localisation des esprits traduites dans ce volume offrent un témoignage significatif de l'effort fourni par certains auteurs du Moyen Âge pour repenser les notions de lieu et de localisation en fonction du sujet (âme humaine ou ange) pris en considération. À partir du XIIIᵉ siècle, ce travail de réflexion intègre largement la doctrine physique d'Aristote, mais l'insère dans un cadre plus large et en corrige ou relativise certains aspects. D'où le choix de rendre compte de la localisation des substances immatérielles par la « situation mathématique » (Henri de Gand), par la « communication d'une présence » ou la « présentation de leur substance » (Matthieu d'Aquasparta), par la « simultanéité » ou la coprésence aux lieux du monde (Richard de Mediavilla) ou encore par un « mode relationnel intrinsèque » (Pierre de Jean Olivi). Si ces explications trouvent leur fondement commun dans la notion de définition/délimitation fixée par Pierre Lombard, ainsi que dans les considérations d'Augustin et de Jean Damascène sur le « lieu intelligible » et sur la supériorité de l'esprit par rapport à la matière, à l'intérieur de ce cadre chaque auteur a développé une conception propre et a fourni un apport spécifique à l'élaboration des notions discutées dans ces textes. Chacune des questions que l'on peut lire dans ce volume apporte ainsi un gain théorique qui consiste, d'une manière générale, à dépasser une explication purement physique du rapport au lieu et à en proposer une compréhension plus fondamentale et plus universelle.

En conclusion, grâce aux hypothèses formulées dans ce cadre métaphysique, nos auteurs ont pu emprunter

d'autres chemins de pensée et concevoir des modèles de localisation différents de celui qu'indiquait Aristote au IVᵉ livre de la *Physique*. De ce fait ils ont ouvert des perspectives théoriques qui allaient alimenter les spéculations sur cette thématique au cours des XVᵉ et XVIᵉ siècles. La lecture des textes proposés dans ce volume confirme ainsi l'hypothèse qui est à l'origine de ce travail, à savoir que l'élaboration des notions de lieu et de localisation dans le cadre métaphysique des doctrines de l'âme séparée et de l'ange constitue un apport nouveau et spécifique des théories médiévales au développement de ces concepts.

NOTE SUR LA TRADUCTION

La traduction des quatre questions proposées dans ce volume a cherché à assurer la plus grande fidélité aux textes originaux tout en s'efforçant de les rendre compréhensibles pour le lecteur moderne. Nous avons toutefois renoncé à embellir la traduction sur le plan formel afin de rester au plus près des tournures et du mode de pensée des auteurs choisis pour ce recueil. En vue de rendre le texte plus lisible, nous avons parfois intégré à la traduction (entre crochets obliques <>) des termes ne figurant pas dans le texte latin. La ponctuation adoptée dans la traduction ne reproduit pas toujours celle de l'édition latine (notamment dans le cas d'Henri de Gand). Pour faciliter le suivi de la correspondance avec le texte latin, nous avons introduit dans la traduction l'indication des pages de l'édition latine, signalée en marge. S'agissant de la question d'Olivi, nous avons introduit des sous-titres pour faciliter la compréhension de sa structure.

Nous avons reproduit les textes latins d'Henri de Gand, de Matthieu d'Aquasparta et de Pierre de Jean Olivi actuellement accessibles dans les éditions critiques indiquées. S'agissant du commentaire des *Sentences* (l. I, d. XXXVII, a. II) de Richard de Mediavilla, nous avons reproduit le texte de l'édition de Brixen de 1591, mais l'avons corrigé, lorsque cela s'est avéré nécessaire, par les versions du même texte transmises par le manuscrit d'*Assise 140, f. 95vb-97va* et par celui d'*Oxford, Merton College 98, f. 183r-185v*; nous avons toutefois renoncé à signaler nos corrections dans les notes. La ponctuation très fautive de l'édition de 1591 a également été adaptée. Grâce à ces interventions, nous avons pu établir un texte plus fiable que celui de l'édition de Brixen couramment employée. Nos ajouts au texte latin sont indiqués par des crochets (<>) et les suppressions par des parenthèses carrées ([]).

Concernant les notes : 1) nous avons contrôlé et repris les renvois explicites donnés dans les éditions critiques des textes d'Henri de Gand, de Matthieu d'Aquasparta et de Pierre de Jean Olivi. Dans le cas de Richard de Mediavilla, nous les avons intégrés *ex novo*. 2) Nous avons également ajouté les renvois implicites à d'autres auteurs – signifiés par « *quidam, alii, una positio* », etc. – que nous avons pu identifier avec certitude ou vraisemblance. 3) Nous avons renvoyé aux traductions existantes de certaines sources (par exemple Augustin, Boèce, Jean Damascène), mais les avons parfois modifiées dans notre traduction (notamment pour le *De fide orthodoxa* de Jean Damascène). 4) Enfin, mis à part quelques rares cas, nous n'avons pas ajouté de notes explicatives, préférant fournir dans l'introduction quelques éléments utiles pour la compréhension de ces textes.

REMERCIEMENTS

La traduction des textes présentés dans ce volume a débuté dans le cadre d'un séminaire de philosophie médiévale tenu au printemps 2012 à l'Université de Fribourg (Suisse). Je remercie les collaborateurs de la Chaire de philosophie médiévale pour leur aide ponctuelle tout au long de ce travail, en particulier Anik Sienkiewicz-Pépin pour sa relecture de certaines parties, Valentin Braekman pour sa collaboration à la préparation du manuscrit en vue de sa publication et Olivier Ribordy pour ses suggestions concernant l'*Introduction*. Nos remerciements vont enfin à Jean-Baptiste Brenet et à Christophe Grellard pour avoir accueilli ce travail dans la collection *Translatio*.

Le travail publié dans ce volume s'inscrit dans un projet de recherche sur « *Matière, lieu et espace dans la philosophie médiévale. Éléments pour une archéologie de la pensée moderne* », financé par le Fonds National Suisse de la Recherche : nous exprimons notre reconnaissance à la « Division des sciences humaines » pour le précieux soutien qui nous a été accordé.

LES ANGES ET LE LIEU

Quatre questions sur la localisation des substances séparées

TEXTES LATINS ET TRADUCTIONS

QUODLIBET II, QUAESTIO 9

UTRUM ANGELUS SECUNDUM SUAM SUBSTANTIAM
SINE OPERATIONE EST IN LOCO

Circa secundum arguitur quod angelus sine operatione secundum substantiam suam non est in loco, quia non est locus nisi quantus, cui nihil potest applicari ut sit in ipso, nisi per suam quantitatem. Angelus autem non est quantus nisi virtute. Ergo non est in loco nisi per applicationem suae virtutis. Illam loco non applicat, nisi quia operatur in eo. Angelus ergo nullo modo est in loco, nisi quia operatur in eo. Ergo etc.

Contra. « *Error* est *substantiam sine operatione non esse in loco* », ut dicit unus articulus inter damnatos nuper per sententiam episcopi.

<Solutio>

Dicendum quod loquendo de esse in loco proprie, ut locus ambiendo circumscribat superficie sua et contineat infra se locatum – secundum quod Ioannes Damascenus

QUODLIBET II, Q. 9

À propos du second point, on argumente que l'ange selon sa substance et sans opération n'est pas dans un lieu, car le lieu n'est pas sans quantité ; or rien ne peut s'appliquer à un lieu de manière à se trouver en lui, si ce n'est par sa quantité ; par conséquent, puisque l'ange n'a de quantité que par sa puissance, il n'est dans un lieu que par l'application de sa puissance ; mais il ne l'applique au lieu que s'il agit en lui ; par conséquent, l'ange n'est d'aucune façon en un lieu, à moins d'agir en lui. Donc, etc.

En sens contraire <on argumente> que « c'est une erreur d'affirmer qu'une substance n'est pas dans un lieu sans <son> opération »[1], comme le dit un article parmi ceux condamnés récemment par un décret de l'évêque.

<Solution>

Il faut dire que lorsqu'on se réfère au fait d'« être dans un lieu » au sens propre, <on entend par là> que le lieu, en entourant, circonscrit par sa surface et contient en lui le corps localisé, à la manière dont Jean Damascène, au Ier livre de ses *Sentences*, chapitre 16, décrit le lieu en

---

1. *Cf.* D. Piché, *La condamnation parisienne de 1277*, Paris 1999, art. 204, p. 141 ; R. Hissette, *Enquête sur les 219 thèses condamnées le 7 mars 1277*, Paris-Louvain 1977, p. 104-110.

libro I° Sententiarum suarum, cap.° 16°, describit locum,
dicens : « *Locus est corporalis, finis eius quod continet,*
secundum *id quod continet,* id *quod continetur, ut puta,*
aer continet corpus ; non universalis autem continens aer
eius locus est quod continetur corporis, sed finis eius qui
continet aeris et *tangens id quod continetur corpus* » ;
quod breviter explicat Philosophus in IV° Physicorum,
dicens quod « *locus est ultimum continentis* », – loquendo
proprie de esse in tali loco sub ratione tali, quia angelus
59   simplex est, omni ratione | quantitatis dimensivae carens,
nullo modo angelus intelligitur esse in loco secundum
suam substantiam, nec omnino aliqua creatura incorporea.
Nec de hoc modo essendi in loco est quaestio.

Sed solum est quaestio extendendo « locum » ad omnem
rationem situs, ut illud dicatur esse in loco, quod situm
sibi aliquem determinat per sui praesentiam alicubi. Quod,
ut credo, Damascenus intellexit, cum dixit : « *Est autem*
intelligibilis locus ubi intelligitur, et est intelligibilis et
incorporea natura ubi nimirum est et operatur ; et non
corporaliter continetur, sed intelligibiliter : non enim habet
figuram, ut corporaliter comprehendatur ». Et infra ibidem :
« *Angelus corporaliter quidem in loco non continetur, ut*
typum accipiat et formetur. Verumtamen dicitur

disant : « Le lieu est la limite corporelle de ce qui contient selon qu'il contient ce qui est contenu ; ainsi l'air enveloppe le corps. Mais la totalité de l'air enveloppant n'est pas le lieu du corps enveloppé ; c'est plutôt la partie extrême de l'air enveloppant qui touche le corps enveloppé »[1]. C'est ce qu'explique brièvement le Philosophe au IVe livre de la *Physique*, en disant que « le lieu est la limite du contenant »[2]. En se référant donc au fait d'être dans un lieu sous telle raison au sens propre, étant donné que l'ange est simple et | dépourvu de toute dimension quantitative, **59** on ne saurait aucunement l'envisager comme étant dans un lieu selon sa substance ; et il en va de même pour toute autre créature incorporelle.

Or la question ne porte pas ici sur cette manière d'être dans un lieu, mais elle se pose uniquement si l'on élargit le sens du terme « lieu » à toute position : de cette manière, est dit être dans un lieu ce qui est déterminé par rapport à une position du fait de sa présence quelque part. C'est, je crois, ce que Damascène a voulu dire lorsqu'il a affirmé : « Il y a aussi un lieu intelligible, là où pense et se trouve la nature douée d'intelligence et incorporelle, là où elle est assurément présente et agit et où elle est enveloppée non de façon corporelle, mais intelligible, car elle est dépourvue de contour par lequel elle serait enveloppée de manière corporelle »[3]. Et plus loin, au même endroit : « L'ange n'est pas enveloppé corporellement dans un lieu au point d'avoir figure et forme. On dit néanmoins qu'il

1. Jean Damascène, *La foi orthodoxe*, § 13 (I, 13), trad. P. Ledrux, Paris 2010, vol. I, p. 209.

2. Aristote, *Physique*, IV, 4, 212a5-6.

3. Jean Damascène, *La foi orthodoxe*, § 13, (I, 13), vol. I, p. 209.

esse in loco, quia adest et *intelligibiliter circumscribitur ubi et operatur. Non enim potest secundum idem in diversis locis operari; velocitate quidem naturae, et quia parate* et *cito pertransit, operatur in diversis locis* ». Et ut dicit libro II°, cap.° 3° : « *Circumscriptibiles : cum enim sunt in caelo, non sunt in terra, et cum ad terram a Deo mittuntur, non remanent in caelo. Circumterminantur autem* et *continentur a parietibus et ianuis et claustris et signaculis* ». Et quomodo hoc intelligit, quoniam non corporaliter sed intelligibiliter solum, subdit et se exponit, dicens : « *Intellectus vero existentes in intellectualibus locis sunt non corporaliter circumscripti. Non enim corporaliter secundum naturam figurantur, neque tres habent dimensiones, sed quia intelligibiliter adsunt et operantur ubicumque iussi fuerint, et quia non possunt secundum idem tempus hic et illic esse et operari. Et* ita | *ubique confestim inveniuntur, ubicumque divinus iusserit nutus, velocitate naturae* ».

Sed secundum quod supra distinctum est de loco, quod est locus naturalis et mathematicus, similiter distingui potest de situ, quod est quidam situs naturalis, quidam vero mathematicus.

est dans un lieu parce qu'il y est présent et qu'il se laisse circonscrire de manière intelligible là où il agit. En effet, il ne peut pas agir simultanément en des lieux différents ; l'ange, certes, par sa rapidité naturelle et sa capacité de déplacement aisé, c'est-à-dire rapide, opère en divers lieux » [1]. Et comme il affirme au IIᵉ livre, chapitre 3 : « Les anges peuvent être circonscrits : en effet, lorsqu'ils sont au ciel, ils ne sont pas sur la terre, et lorsque Dieu les envoie sur terre, ils cessent de demeurer au ciel. Or ils sont délimités et contenus par des parois et des portes, des serrures et des sceaux » [2]. Et il ajoute et explique de quelle manière il entend cela – c'est-à-dire non de manière corporelle, mais seulement intelligible –, lorsqu'il dit : « existant en tant qu'intellects, ils se trouvent en des lieux intellectuels sans être circonscrits corporellement, car leur nature ne comporte pas de figure corporelle et ils ne sont pas étendus selon les trois dimensions <de l'espace> ; et puisqu'ils sont présents intellectuellement et agissent là où ils en ont reçu l'ordre et qu'ils ne peuvent être et agir ici et là au même instant, | ainsi, grâce à leur vitesse 60 naturelle, on les trouve immédiatement partout où un signe divin l'aura ordonné » [3].

Or, selon ce qui a été distingué plus haut au sujet du lieu, à savoir qu'il y a un lieu naturel et un lieu mathématique, on peut faire la même distinction au sujet de la position, à savoir qu'il y a une position naturelle et une position mathématique.

---

1. Jean Damascène, *La foi orthodoxe*, § 13, (I, 13), vol. I, p. 211.
2. Jean Damascène, *La foi orthodoxe*, § 17, (II, 3), vol. I, p. 229.
3. Jean Damascène, *La foi orthodoxe*, § 17, (II, 3), vol. I, p. 229-231.

Appellatur autem « situs naturalis » rei, ad quem se
habet per naturalem dependentiam, ut naturale sit ei esse
in illo, et violentum et extra naturam esse alibi et extra
illum, quemadmodum situs terrae est esse in centro mundi.
Qui magis proprie dicitur esse situs eius quam locus : locus
enim proprius eius, secundum Philosophum, est « *ultimum
continens* ad *medium* », quod necessario est extra centrum
ambiens terram, quae naturaliter est in centro.

Appellatur autem « situs mathematicus » applicatio rei
ad "ubi" aliquod determinatum, sive supra sive infra, sive
in oriente sive in occidente, sine aliqua naturali dependentia
et determinatione plus ad unum quam ad alterum, ita tamen
quod necesse est rei ex sua natura esse in aliquo illorum,
sicut si punctus esset separatus a continuo, necessario esset
vel superius vel inferius, hic vel alibi, ut cum esset hic,
nullo modo esset alibi.

Primo modo etiam extendendo « locum » ad rationem
situs, impossibile est intelligere angelum esse in loco, quia
nullam habet naturalem dependentiam in sua essentia vel
substantia aut in sua existentia ad totam substantiam
corpoream vel ad aliquam partem eius, sed magis e converso.
Plus enim in natura et essentia et existentia dependent
corporalia a spiritualibus quam e converso, sicut inferius
et minus nobile in gradu et ordine naturae a superiori et
magis nobili. Si enim sic esset in situ vel in loco, ipsa

On appelle « position naturelle » celle à laquelle une chose se rapporte en vertu d'une dépendance naturelle, de sorte qu'il lui soit naturel d'être dans telle position, mais violent et non naturel d'être ailleurs et en dehors d'elle, à la manière dont la position <naturelle> de la terre est d'être au centre du monde. En effet, celui-ci est dit plus proprement être sa position que son lieu, car selon le Philosophe son lieu propre est « l'ultime contenant autour du centre »[1], lequel est nécessairement en dehors du centre qui entoure la terre, celle-ci étant par nature au centre.

On appelle « position mathématique » l'application de la chose à un lieu déterminé, en haut ou en bas, en orient ou en occident, sans aucune dépendance naturelle ni détermination à l'égard de l'un plutôt que de l'autre, bien que pour la chose il demeure nécessaire par sa nature d'être dans l'un d'eux ; de la même manière, si un point était séparé du continu, il serait nécessairement en haut ou en bas, ici ou ailleurs, de sorte que s'il était ici, il ne serait en aucune façon ailleurs.

Même en élargissant le sens du terme « lieu » à la position, il est toutefois impossible de concevoir que l'ange soit dans un lieu, car il n'a aucune dépendance naturelle en son essence ou sa substance, ou dans son existence par rapport à la totalité de la substance corporelle ou par rapport à l'une de ses parties, mais c'est plutôt le contraire. En effet, dans leur nature, essence et existence, les réalités corporelles dépendent davantage des spirituelles que le contraire, comme ce qui est inférieur et moins noble selon le degré et l'ordre de la nature dépend davantage de ce qui est supérieur et plus noble. Or si l'ange était de cette manière dans une position ou dans un lieu, sa

---

1. Aristote, *Physique*, IV, 4, 212a26-27.

substantia eius per naturalem dependentiam ad situm et
61   locum | esset ratio essendi ipsum in loco, quod erroneum
est, secundum quod bene dicit unus articulus ab episcopo
damnatus, talis : « *Quod substantiae separatae nusquam*
sunt secundum substantiam, error est, *si intelligatur ita,*
quod substantia non sit in loco; si autem intelligatur ita,
quod substantia sit ratio essendi in loco, verum est, quod
nusquam sunt secundum substantiam ».

Unde non restat dubitatio nisi an angelus habeat esse
in loco tamquam in situ mathematico quem sibi necessario
alicubi determinat, licet non determinate hic aut ibi, sed
vel hic vel ibi. Et hic nihil est faciendum nisi quod inspiciatur
natura angeli, quomodo sit determinata et limitata, et ex
hoc videatur si naturae eius limitatio situm requirit an non,
quoniam si sic, oportet dicere quod est in loco, et eo modo
quo limitatio eius situm requirit.

Est ergo hic advertendum primo qualis sit simplicitas
angeli in sua natura.

Et cum, ut alibi determinatum est, duplex est compositio
rei, una in se ex aliis, et alia cum alio, determinatio autem
rei cuiuscumque ad situm importat quandam compositionem
et unionem eius cum alio, etsi nullam haberet ex aliis,

substance même serait la raison d'être dans un lieu à cause
de sa dépendance naturelle à l'égard de la position et du
lieu | – ce qui est faux, selon ce que déclare un article **61**
condamné par l'évêque : « Les substances séparées ne sont
nulle part selon leur substance. – C'est une erreur, si on
entend par là que la substance n'est pas dans un lieu. Mais
si on le comprend dans le sens où la substance serait la
raison d'être dans un lieu, alors il est vrai que les substances
séparées ne sont nulle part selon leur substance »[1].

Par conséquent, il ne reste guère de doute sinon de
savoir si l'ange est dans un lieu selon une position
mathématique qui le détermine nécessairement à être
quelque part, bien que non ici ou là de manière déterminée,
mais néanmoins ici ou là. À présent, il n'y a donc rien
d'autre à faire que d'examiner la nature de l'ange, ainsi
que la manière dont elle est déterminée et limitée, afin
d'établir si la limite inhérente à sa nature exige ou non une
position ; en effet, s'il en était ainsi, il faudrait dire que
l'ange est dans un lieu et qu'il y occupe une position selon
la modalité requise par sa limitation.

Dans un premier temps, il faut donc établir quelle est
la simplicité de l'ange en sa nature.

Il a été déterminé ailleurs[2] que la composition d'une
réalité est double : l'une en elle-même à partir d'autres
choses, et l'autre avec quelque chose d'autre ; or il se trouve
que la détermination de n'importe quelle chose à l'égard
d'une position implique une certaine composition et union
avec quelque chose d'autre, même si elle n'en avait aucune

1. *Cf.* D. Piché, *La condamnation*, art. 219, p. 147.
2. *Cf.* Henri de Gand, *Quaestiones ordinariae (Summa)*, art. 28,
Parisiis 1520, f. 165rk.

illud ergo quod, cum hoc quod non est compositum ex
aliis, non requirit compositionem cum alio, maioris est
simplicitatis quam illud quod requirit compositionem cum
alio. Et secundum hoc differunt penes maiorem et minorem
62 simplicitatem principia quantitatis | quae sunt punctus et
unitas. Unde dicit Philosophus in V° Metaphysicae :
« *Eorum qu*ae *non dividuntur secundum quantitatem, illud*
quod non dividitur omnino nec habet situm, dicitur unum,
et quod non dividitur omnino et habet situm, dicitur
punctus ». Iuxta quod dicit et in libro Posteriorum quod
« *punctu*s est *substantia posita, unitas* vero est *substantia*
non posita ». Et secundum hoc unitas in quantum unitas
multo maioris est simplicitatis quam punctus, et per
consequens quantitas discreta simplicior est in natura quam
continua. Et ideo certiores sunt demonstrationes arithmeticae
quam geometricae, secundum quod dicitur in I°
Metaphysicae : « *Certissimae scientiarum maxime*
primarum sunt. Quae autem *ex minoribus certiores sunt*
his quae ex appositione dicuntur, ut arithmetica geometria ».
Et ideo « *arithmetic*a *demonstratio* descendit in
*geometri*cam ; in quantum *magnitudines numeri sunt* », ut
dicitur in libro Posteriorum. Unitas ergo in quantum

à partir d'autres choses ; il s'ensuit que ce qui n'est pas composé à partir d'autres choses et ne requiert pas <non plus> de composition avec quelque chose d'autre est d'une plus grande simplicité que ce qui requiert une composition avec quelque chose d'autre. Selon ce que l'on vient de dire, les principes de la quantité | que sont le point et l'unité **62** diffèrent selon une simplicité plus ou moins grande. C'est pourquoi, au Ve livre de la *Métaphysique*, le Philosophe dit : « parmi les choses qui ne sont pas divisibles selon la quantité, ce qui est indivisible absolument et n'a pas de position est appelé unité ; ce qui est indivisible absolument, mais a une position, est appelé point » [1]. À ce propos, dans les *Analytiques Postérieurs* il dit que « le point est une substance positionnée, alors que l'unité est une substance non positionnée » [2]. D'après cela, l'unité en tant qu'unité est d'une simplicité bien plus grande que le point, si bien qu'une quantité discrète est plus simple dans sa nature qu'une quantité continue. Pour cette raison, les démonstrations arithmétiques sont plus certaines que celles de la géométrie, d'après ce qui est dit au Ier livre de la *Métaphysique* : « Parmi les sciences, les plus certaines sont les sciences des principes, et celles qui sont à partir d'un nombre inférieur de principes sont plus certaines que celles qui résultent de plusieurs principes, comme l'arithmétique est plus <certaine> que la géométrie » [3]. Par conséquent, « on applique la démonstration arithmétique à la géométrie, dans la mesure où les grandeurs sont des nombres » [4], comme il est dit dans les *Analytiques Postérieurs*. Or le point n'a de position dans une grandeur

---

1. Aristote, *Métaphysique*, V, 6, 1016b24-26.
2. Aristote, *Seconds analytiques*, I, 27, 87a35-36.
3. Aristote, *Métaphysique*, I, 2, 982a25-28.
4. Aristote, *Seconds analytiques*, I, 7, 75a38-b6.

unitas, ex ratione simplicitatis suae qua excedit punctum, si ipsa in aliquo est separata a ratione puncti, cum punctus non determinat sibi situm in corporali magnitudine nisi ratione suae compositionis, qua exceditur ab unitatis simplicitate, illud in quo ratio unitatis est separata a ratione puncti omnino, propter conditionem suae simplicitatis nullo modo sibi determinabit rationem situs, non solum huius vel illius, sed nullius omnino.

Nunc autem sic est quod angelus in sua substantia et essentia simplicitatem habet, non ad modum puncti, sed **63** potius ad modum | unitatis, quia natura sua omnino abstracta est a natura magnitudinis, ita quod in sua natura nec est magnitudo, nec principium alicuius magnitudinis natus est esse. Quod ergo angelus secundum substantiam suam sit in situ vel in loco, ut ipsa substantia angeli sit ratio ipsum essendi in situ aut loco hoc vel illo determinate, vel etiam sive in hoc sive in illo indeterminate, ut tamen necesse sit ipsum ad modum puncti esse in aliquo, omnino adhuc est impossibile, ut dicit praedictus articulus.

Unde dicit Avicenna in III° Metaphysicae : « *Natura* quae est aliquid aliud *praeter hoc quod non dividitur*, si *illa natura est situs vel quod convenit situi, hoc est punctum; vel* si *natura illa non erit situs* vel *quod convenit ei, est igitur sicut intelligentia et anima. Intelligentia enim habet esse praeter id quod intelligitur de ea quod non dividitur. Illud autem esse non est* cum *situ,*

corporelle que par la composition, en raison de laquelle il est dépassé par la simplicité de l'unité ; par conséquent, si l'unité en tant qu'unité, en vertu de la simplicité par laquelle elle dépasse le point, est séparée en quelque chose de la raison de point, ce en quoi la raison d'unité est absolument séparée de la raison de point ne sera d'aucune façon déterminé relativement à une position – non seulement relativement à cette position-ci ou à celle-là, mais absolument à aucune, à cause de sa simplicité.

Or l'ange possède en sa substance et son essence une simplicité qui n'est pas celle du point, mais plutôt celle | de l'unité, car sa nature est totalement abstraite de la **63** nature de la grandeur, de sorte qu'en sa nature il n'y a ni grandeur ni aptitude à être le principe de quelque grandeur. Par conséquent, comme le dit l'article mentionné auparavant [1], il est tout à fait impossible que l'ange soit dans une position ou dans un lieu selon sa substance – au sens où la substance même de l'ange serait la raison d'être dans une position ou dans ce lieu-ci ou celui-là de manière déterminée, ou encore dans ce lieu-ci ou celui-là de manière indéterminée –, étant toutefois nécessaire qu'il se trouve dans quelque lieu à la manière du point.

Pour cette raison, au IIIe livre de la *Métaphysique*, Avicenne écrit : « Si la nature qui est quelque chose d'autre au-delà du fait de ne pas être divisée est une position ou quelque chose qui convient à une position, ce sera le point ; en revanche, si cette nature n'est ni une position ni quelque chose qui lui convient, elle sera comme l'intelligence et l'âme. L'intelligence possède en réalité un être au-delà du fait qu'on la conçoit comme ce qui n'est pas divisé ; cet être n'est pas déterminé par une position, et n'est pas non

---

1. Cf. *supra*, p. 61, n. 1.

nec dividitur in sua natura, nec alio modo. Quod autem
est in quo non est natura alia, ipsamet est unitas et unum,
de quo intelligitur quod non dividitur intellectu, nedum
dividatur in materiam localem ».

Qui ergo non possunt angelum intelligere secundum
rationem substantiae suae ut unitatem absque ratione puncti,
sunt illi de quibus dicit Commentator super II^um
Metaphysicae : « *In quibus virtus imaginativa dominatur*
super virtutem cogitativam. Et ideo », ut dicit, « *videmus*
istos non credere demonstrationibus, nisi imaginatio
64 *comitetur eas. Non | enim possunt credere plenum non*
esse aut vacuum aut tempus extra mundum. Neque possunt
credere hic esse entia non corporea, neque in loco neque
in tempore ». Primum non possunt credere, quia imaginatio
eorum non stat in quantitate finita, et ideo mathematicae
magnitudines et quod est extra caelum videntur eis infinita.
Sed in hoc « *non est rectum credere imaginationi* », ut
dicit Philosophus in III° Physicorum. Secundum non
possunt credere, quia intellectus eorum non potest
transcendere imaginationem ut transcendat imaginabilia,

plus divisé dans sa nature ou d'une autre façon. Or ce en quoi il n'y a pas une nature autre est l'unité même et quelque chose d'un ; et à propos de celui-ci on conçoit qu'il n'est pas divisé par l'intellect aussi longtemps qu'il n'est pas divisé selon la matière du lieu » [1].

Aussi, ceux qui ne peuvent pas concevoir que, selon la raison de sa substance, l'ange est une unité qui ne comprend pas la raison du point sont ceux dont le Commentateur, au IIe livre de la *Métaphysique*, dit : « chez ces gens-là, la faculté imaginative domine sur la faculté cogitative. Et pour cette raison », comme il dit, « nous voyons qu'ils ne croient pas aux démonstrations si l'imagination ne les accompagne pas. | En effet, ils ne **64** peuvent pas croire qu'en dehors du monde il n'y ait pas de plein, ni de vide, ni de temps, et ils ne peuvent pas croire non plus qu'il y ait ici des étants non corporels qui ne sont ni dans le lieu ni dans le temps » [2]. Ils ne peuvent pas croire qu'il n'y ait pas de plein en dehors du monde, car leur imagination ne s'arrête pas à la quantité finie, si bien que les grandeurs mathématiques et ce qui est à l'extérieur du ciel leur semblent infinis – mais à ce propos « il n'est pas correct de se fier à l'imagination » [3], comme le dit le Philosophe au IIIe livre de la *Physique*. Ils ne peuvent pas croire qu'il n'y ait pas de vide en dehors du monde, car leur intellect ne peut aller au-delà de l'imagination, de sorte à aller au-delà des choses imaginables,

1. Avicenne, *Metaphysica*, l. III, c. 2, A 100, éd. S. Van Riet, Louvain-Leiden 1977, p. 110-111, (trad. française de G. C. Anawati, vol. I, Paris 1978, p. 162).

2. Averroès, *In Aristotelis Metaphysicam*, l. II, c. 3, comm. 15, Venetiis apud Junctas 1562-1574 [= Editio Iuntina], vol. VIII, f. 35D-35E.

3. Aristote, *Physique*, III, 8, 208a14-15.

et non stat nisi super magnitudinem aut habens situm et positionem in magnitudine. Propter quod, sicut non possunt credere neque concipere extra naturam universi, hoc est « *extra* mundum, nihil *esse*, neque *locum, neque tempus, neque plenum neque vacuum* », secundum quod Philosophus determinat in I° Caeli et mundi, sic non possunt credere neque concipere hic, hoc est inter res et de numero rerum universi quae sunt in mundo, esse aliqua incorporea, quae in sua natura et essentia careant omni ratione magnitudinis et situs sive positionis in magnitudine, sed quidquid cogitant, quantum est, aut situm habens in quanto, ut punctus. Unde tales melancholici sunt, et optimi fiunt mathematici, sed pessimi metaphysici, quia non possunt intelligentiam suam extendere ultra situm et magnitudinem, in quibus fundantur mathematicalia, et metaphysicalia per se abstracta sunt secundum rem a situ et magnitudine, quia metaphysica abstractio excedit mathematicam. Et fiunt naturales inepti, quia sub finito non possunt intelligentiam suam concludere, et, ut dicitur in II° | De anima, « *natura constantium omnium est terminus et ratio magnitudinis et augmenti* ».

65

Si ergo angelus secundum substantiam suam nullo modo possit intelligi esse in situ aut in loco, ut substantia ipsa sit ratio essendi ipsum in situ aut in loco, oportet quod

et ne s'en tient qu'à la grandeur ou à ce qui a une situation et une position dans une grandeur. C'est pourquoi, de même qu'ils ne peuvent croire ni concevoir qu'en dehors de la nature de l'univers il n'y ait « rien en dehors du monde, ni lieu, ni temps, ni plein, ni vide »[1], selon ce que le Philosophe établit au Ier livre *Du ciel et du monde*, de même ils ne peuvent croire ni concevoir qu'il y ait ici, à savoir parmi les choses et au nombre des choses de l'univers qui sont dans le monde, quelques entités incorporelles dépourvues, en leur nature et leur essence, de toute raison de grandeur et de situation ou de position dans une grandeur. En effet, tout ce qu'ils conçoivent est une quantité ou quelque chose qui possède une position dans une quantité, comme le point. Aussi, de tels penseurs sont mélancoliques et deviennent d'excellents mathématiciens, mais de piètres métaphysiciens, car ils ne peuvent déployer leur intelligence au-delà du lieu et de la grandeur dans lesquels sont fondées les entités mathématiques ; en revanche, les entités métaphysiques sont par soi réellement séparées du lieu et de la grandeur, car l'abstraction métaphysique dépasse celle des mathématiques. Et ces penseurs deviennent de mauvais philosophes de la nature, car ils sont incapables d'enfermer leur intelligence dans le fini et, comme il est dit au IIe livre | du traité *De l'âme*, « la nature dans toutes **65** les choses constantes constitue la limite et la raison de leur grandeur et de leur augmentation »[2].

Si l'on ne peut donc aucunement concevoir que l'ange soit dans une position ou dans un lieu selon sa substance, de sorte que sa substance soit la raison d'être dans une position ou dans un lieu, il faut que quelque chose d'autre

1. Aristote, *De caelo*, I, 9, 279a11-12.
2. Aristote, *De anima*, II, 4, 416a16-17.

eius ratio sit aliquid aliud in eo. Nunc autem praeter
substantiam vel essentiam in angelo contingit intelligere
eius potentias, quae sunt intellectus et voluntas, vel ipsam
substantiae limitationem, ut quidam dicunt, aut aliquid
aliud, quodcumque sit illud.

Intellectus autem et voluntas in angelo considerari
possunt dupliciter : uno modo ut sunt in suo actu et virtute
sua quam applicant circa substantiam corporalem, aliquid
operando circa ipsam, alio modo ut sunt in habitu vel in
actu operandi circa aliquid aliud quam circa substantiam
corporalem.

Primo modo indubitanter verum est substantiam angeli
esse in situ et loco per suam virtutem applicatam in opus
quod exercet in substantia corporali et situali, ut iam dictum
est secundum Damascenum. Sed hoc nihil determinationis
ponit in eius natura vel essentia : hoc enim modo Deus
habet esse in loco, dicente Damasceno : « *Dicitur autem
in loco esse et dicitur locus Dei, ubi manifesta eius operatio
fit. Nam ipse quidem per omnia invisibiliter transit, et
omnibus tradit suam operationem secundum uniuscuiusque
aptitudinem et susceptivam virtutem* ». Sed hoc non est
proprie esse in loco sed in moto. Unde super illud Iⁱ Caeli
et mundi : « *Quod est illic, non est in loco* », dicit Commentator : « *Primam causam attribuit continenti Aristoteles,*
66   *quoniam motio eius apparet prius illic,* | *scilicet in*

en lui constitue une telle raison. Au-delà de sa substance ou de son essence il faut alors considérer les puissances de l'ange que sont l'intellect et la volonté, ou la limitation même de sa substance – comme le disent certains [1] – ou quelque chose d'autre, quel qu'il soit. Or l'intellect et la volonté dans l'ange peuvent être considérés de deux manières : selon qu'ils sont dans leur acte propre et dans la puissance qu'ils appliquent à la substance corporelle en agissant sur elle, ou selon qu'ils sont dans une disposition ou un acte qui consiste à agir sur quelque chose d'autre qu'une substance corporelle.

De la première manière, il est hors de doute que la substance de l'ange est dans une position et dans un lieu par la puissance qu'il applique lors de l'opération qu'il exerce sur une substance corporelle et localisée, comme cela a déjà été dit en suivant Damascène. Cela n'introduit toutefois aucune délimitation dans sa nature ou son essence ; en effet, c'est de cette même manière que Dieu est dans un lieu, comme le dit Damascène : « Il est dit être dans un lieu et est dit "lieu de Dieu" l'endroit où son opération vient à se produire. En effet, il traverse toutes choses de manière invisible et il transmet à toutes son opération, selon la capacité et la puissance réceptive de chacune » [2]. Toutefois, à proprement parler, cela ne signifie pas être dans un lieu, mais dans un mouvement. C'est pourquoi, à propos du passage du Ier livre *Du Ciel et du Monde* affirmant que « ce qui est là n'est pas dans un lieu » [3], le Commentateur dit : « Aristote <en> attribue la cause première au contenant, car son mouvement apparaît d'abord là, | à savoir du côté 66

1. Bonaventure, *In II Sententiarum*, d. 2, p. 2, a. 2, q. 1, ed. Collegii a S. Bonaventurae, Quaracchi 1885, vol. II, p. 76b-77a.

2. Jean Damascène, *La foi orthodoxe*, § 13 (I, 13), vol. I, p. 209.

3. Aristote, *De caelo*, I, 9, 279a18.

convexo sphaerae. Et ideo dixit in VIII° Physicorum :
« *Motor ergo est illic* ». *Et manifestum est quod illud quod
non est in materia, non est in loco* ». Unde et dicit super
illud verbum in VIII° Physicorum : « *Quia iste motor non
est in materia, non restat dicere ipsum nisi in illis locis in
quibus effectus eius apparet, et maxime in loco quo motio
eius participatur per omnes partes illius quod movetur ab
illo* ». « *Unde omnes leges conveniunt in hoc quod Deus
habitet in caelo* » et « *necesse est* ut *iste locus sphaerae
sit propinquior ceteris motori* ». « *Hanc propinquitatem* »,
ut dicit, « *debemus intelligere secundum esse, non secundum
locum. Quod enim non est in corpore, non est in loco* »,
et hoc : « *neque in toto neque in parte, et universaliter
neque in divisibili neque in indivisibili* », ut dicit in De
substantia orbis. Et tamen, in quantum motor, dicitur esse
in tota sphaera mota et maxime in convexitate, quia ibi
suam operationem maxime ostendit, quia pars illa citius
movetur. Propter quod etiam pars illa dicitur esse motori
propinquior, ut dictum est.

convexe de la sphère. Pour cette raison, au VIIIe livre de la *Physique*, il a dit : "Le moteur est donc là-bas"[1]. Et il est manifeste que ce qui n'est pas dans une matière n'est pas dans un lieu »[2]. Aussi, à propos de ce passage du VIIIe livre de la *Physique*, <Averroès> dit ceci : « Puisque ce moteur n'est pas dans une matière, il faut dire qu'il n'est que dans les lieux dans lesquels son effet apparaît, et au plus haut point dans le lieu par lequel son mouvement est participé par toutes les parties de ce qui est mû par lui »[3]. « C'est pourquoi toutes les croyances religieuses s'accordent à dire que Dieu habite dans le ciel » et « il est nécessaire que ce lieu de la sphère soit plus proche du moteur que les autres ». « Cette proximité », comme il le dit, « nous devons la comprendre selon l'être, non selon le lieu. En effet, ce qui n'est pas dans un corps n'est pas dans un lieu »[4], et ce « ni dans le tout ni dans une partie et, universellement, ni dans le divisible ni dans l'indivisible », comme il le dit dans le traité *Sur la substance du monde*[5]. Cependant, en tant que moteur, il est dit être dans la sphère mue tout entière, et au plus haut point dans la partie convexe ; c'est là en effet qu'il manifeste au plus haut point son opération, car cette partie-là est mue plus rapidement. Pour cette raison, on affirme aussi que cette partie-là est plus proche du moteur, comme il a été dit.

De la seconde manière, on ne voit pas comment la substance de l'ange serait davantage déterminée par rapport

1. Aristote, *Physique*, VIII, 10, 267b9.

2. Averroès, *De caelo et mundo*, l. I, c. 9, comm. 100, Editio Iuntina, vol. V, f. 671-K.

3. Averroès, *In Aristotelis Physicam*, l. VIII, comm. 84, Editio Iuntina, vol. IV, f. 432E.

4. Averroès, *In Aristotelis Physicam*, l. VIII, comm. 84, Editio Iuntina, vol. IV, f. 432G-H.

5. Averroès, *De substantia orbis*, c. 1, Editio Iuntina, vol. IX, f. 5E.

Secundo autem modo non est videre quomodo magis determinatur substantia angeli situi ratione potentiae alicuius quam ratione substantiae; quia non est minoris abstractionis a quantitate situali potentia animae quam substantia, ut videtur sequentibus iudicium naturalis rationis, quae forte in hoc deficere potest. Cum ergo error est substantiam sine operatione non esse in loco, ut dicit unus articulus ex damnatis, talis : « *Quod substantiae separatae sunt alicubi per operationem, et quod non possunt moveri ab extremo in extremum, nec in medium, nisi quia possunt velle operari aut in medio aut in extremis : error, si | intelligitur sine operatione substantiam non esse in loco nec transire de loco ad locum* », et « *ne incauta locutio simplices protrahat in errorem* », pontificalis sententia « *districte talia fieri prohibet, et* tales articulos *totaliter condemnat, excommunicans omnes illos, qui dictos errores vel aliquem* de eisdem *dogmatizaverint aut sustinere seu defendere praesumpserint quoquo modo* », dico igitur, secundum iam propositam determinationem pontificalem, angelum sine operatione esse in loco. Sed, ut dictum est, eadem sententia pontificalis dicit quod « *verum est* quia

à une position en raison de quelque puissance plutôt qu'en raison de sa substance; en effet, la puissance de l'âme n'est pas d'une abstraction moindre par rapport à la quantité locale que ne l'est sa substance, comme il apparaît à ceux qui suivent le jugement de la raison naturelle, laquelle pourrait <pourtant> être défaillante. Par conséquent, étant donné que c'est une erreur d'affirmer que la substance n'est pas dans un lieu sans opération, comme le dit l'un des articles condamnés – « que les substances séparées sont <situées> quelque part par leur opération et qu'elles ne peuvent se mouvoir d'une extrémité à une autre, ni dans le milieu, si ce n'est parce qu'elles peuvent vouloir opérer soit dans le milieu, soit aux extrémités : c'est une erreur, si | on pense qu'une substance n'est pas dans un **67** lieu sans son opération et ne transite pas d'un lieu à un <autre> »[1] –, et « afin que cette manière imprudente de parler n'induise pas les gens simples en erreur »[2], la sentence pontificale « interdit strictement que de telles et semblables choses ne se produisent » et condamne totalement de tels articles, « excommuniant tous ceux qui auront professé lesdites erreurs ou l'une d'entre elles, ou qui auront prétendu les soutenir ou les défendre de quelque manière »[3]. Par conséquent, conformément à la décision pontificale, je dis que l'ange est dans un lieu sans son opération. Toutefois, comme il a été dit, la même sentence pontificale déclare qu'« il est vrai que les

1. *Cf.* D. Piché, *La condamnation*, art. 204, p. 140-141.
2. *Cf.* D. Piché, *La condamnation*, p. 74-75.
3. *Cf.* D. Piché, *La condamnation*, p. 75-77.

substantiae separatae nusquam sunt, si intelligatur quod
substantia sit ratio existendi in loco ». Et hoc ideo, quia
substantia ipsa non est ratio essendi substantiam angeli in
loco, etsi sit in loco. In hoc enim concordabant omnes
magistri theologiae congregati super hoc, quorum ego
eram unus, unanimiter concedentes quod substantia angeli
non est ratio angelum esse in loco secundum substantiam.
Et consimili ratione verum est indubitanter quod, si angelus
per potentiam suam, intellectum scilicet vel voluntatem,
virtutem suam non applicat ad locum operando circa ipsum,
quod similiter potentia eius, intellectus scilicet vel voluntas,
non est ratio essendi ipsum in loco, ut dictum est. Nisi
forte potentia eius sit minoris abstractionis, quam sit eius
substantia. Quod si verum sit, in hoc intelligendo deficio,
sicut et in pluribus aliis.

Igitur, si forte potentia angeli non sit ratio ipsum essendi
in loco, quod ad praesens nec determino nec sustineo nec
defendo, oportet quaerere aliquid aliud, quod est ratio
essendi ipsum in loco. In quo mallem alios audire quam
aliquid dicere. Et est mihi tutius profiteri in proposito quia
ignorem quid dicam, quam quod aliquid de meo indiscrete
ingeram. Quid enim sit illud, nescio, nisi forte dicamus
substantiam angeli sine operatione esse in loco, sed per
68 passionem quam in se recipiunt a rebus | corporalibus quae

substances séparées ne sont nulle part, si l'on entend <par là> que la substance est leur raison d'être en un lieu »[1]. Cela tient à ce que la substance elle-même n'est pas la raison de la présence de la substance de l'ange en un lieu, même si l'ange est dans un lieu. En effet, tous les maîtres de théologie réunis pour discuter de ce problème s'accordaient sur ce point – et moi j'étais l'un d'eux –, concédant de manière unanime que la substance de l'ange n'est pas la raison de la présence de l'ange en un lieu selon sa substance. Et pour une raison semblable, il est hors de doute que si par sa puissance, c'est-à-dire par son intellect ou sa volonté, l'ange n'applique pas sa force à un lieu en agissant sur lui, alors sa puissance, à savoir son intellect ou sa volonté, n'est pas sa raison d'être dans un lieu – comme il a été dit –, à moins que sa puissance ne soit d'une abstraction moindre que sa substance. Mais si cela était vrai, je ne saurais le comprendre, comme <il arrive> en beaucoup d'autres cas.

Si donc la puissance de l'ange n'est pas sa raison d'être dans un lieu – ce que pour le moment je ne déclare, ni ne soutiens, ni ne défends –, il faut chercher quelque chose d'autre qui soit sa raison d'être dans un lieu. À ce propos, je préférerais d'ailleurs entendre les autres plutôt que de dire moi-même quelque chose. Et il est pour moi plus prudent de reconnaître à ce sujet que j'ignore ce que je dirai que d'avancer quelque chose de manière confuse. J'ignore en effet ce que c'est, à moins peut-être de dire que la substance de l'ange est dans un lieu non par son opération, mais à cause d'une passion que les anges subissent de la part des choses | corporelles qui se trouvent **68**

---

sunt in loco, ut daemones ab igne infernali propter quod in inferno sunt, ubi ille ignis est. (Utrum autem huiusmodi passiones naturaliter vel supernaturaliter in se recipiant, de hoc nihil ad praesens). Licet enim, secundum Damascenum libro II°, cap.° 3°, « *ut incorporei* sunt *ab omni passione corporea eruti, non tamen impassibiles. Solus enim Deus impassibilis est* ». Sed hoc, ut credo, nihil ad quaestionem. Aequalis enim error iudicabitur forte substantiam non esse in loco sine passione sicut sine operatione. Ita quod intentio episcopi sit substantiam esse in loco, etsi nihil operetur circa corpus existens in loco aut patiatur ab ipso. (Si tamen hoc sit possibile, scilicet quod nihil operetur. Aliquis enim forte diceret quod natura angeli, in quantum est pars universi, aliquid necessario operetur in eo circa aliquam partem universi cuius ipse etiam est pars. De quo nihil ad praesens, nec ad quaestionem, quia, etsi forte non posset esse quin angelus circa substantiam corpoream aliquid operetur, et per hoc est in loco, si tamen per impossibile ponatur quod non operetur aliquid circa corpus existens in loco, dicit articulus quod « *error* est dicere *substantiam* angeli *non esse in loco* »).

Non restat ergo nisi limitatio naturae angelicae, vel forte aliquid aliud, sed maxime ipsa limitatio, ut ex hoc quod limitata est natura angeli, oporteat quod ipse sit alicubi in universo corporali : non nusquam, nec ubique (sicut

dans un lieu, à la manière dont les démons subissent le feu infernal du fait qu'ils sont en enfer, là où se trouve le feu. (Mais quant à savoir s'ils reçoivent ces passions par voie naturelle ou surnaturelle, telle n'est pas la question à présent). En effet, selon Damascène, au IIe livre, chapitre 3 : « même si, en tant qu'incorporels, ils sont délivrés de toute passion corporelle, ils ne sont pas pour autant impassibles, car Dieu seul est impassible »[1]. Cela toutefois – comme je le crois – n'a rien à voir avec la question. Peut-être jugera-t-on être une erreur équivalente de dire que la substance n'est pas dans un lieu sans une passion que de soutenir qu'elle n'y est pas sans une opération, auquel cas l'intention de l'évêque aurait été <de dire> que la substance est dans un lieu même si elle n'agit pas sur un corps existant dans un lieu ni ne subit rien de lui. – (Si toutefois cela est possible, à savoir que la substance n'agit pas. En effet, quelqu'un pourrait dire que la nature de l'ange, en tant que partie de l'univers, agit nécessairement en lui, sur quelque partie de l'univers dont l'ange est aussi une partie. Mais cela n'a rien à voir à présent, ni ne concerne la question car, même s'il ne se peut probablement pas que l'ange n'agisse pas sur une substance corporelle et qu'ainsi il ne soit pas dans un lieu, si toutefois on suppose, par l'absurde, qu'il n'agit pas sur un corps existant dans un lieu, l'article déclare que « c'est une erreur de dire que la substance de l'ange n'est pas dans un lieu »[2]).

Il ne reste donc que la limite de la nature angélique, ou peut-être quelque chose d'autre, mais avant tout sa limite. La nature de l'ange étant limitée, il est en effet nécessaire qu'il soit quelque part dans l'univers corporel : non pas nulle part ni partout (à la manière

1. Jean Damascène, *La foi orthodoxe*, § 17 (II, 3), vol. I, p. 231.
2. D. Piché, *La condamnation*, art. 219, p. 146-147.

ubique est Deus propter suam illimitationem), sed alicubi,
69 | etsi non determinate hic solum vel ibi solum.

Quod videtur posse haberi ex Damasceno libro II°,
cap.° 3°, ubi dicit : « *Fortes sunt* angeli *custodientes partes
terrae et gentibus et locis praesidentes, sicut a conditione
ordinati sunt* ». Ecce, ut videtur, ex conditione ordinationis
naturalis praesunt corporalibus. Quod non esset, nisi
determinarentur ipsis secundum situm. Sed quia, secundum
ipsum ibidem, illa praesidentia non est nisi per operationem,
unde subdit : « *Et ea quae sunt* circa *nos dispensantes et
auxiliantes nobis* ». Unde hoc est magis pro opinione
dicente quod angeli necessario sunt alicubi per operationem
quia non possunt circa corporalia non operari. Non tamen
est omnino pro ea. Quod enim dicit : « *Ex conditione*
naturae », respicere potest tam naturalem aptitudinem ad
situm (vel per operationem vel alio modo) quam actum.
Unde subiungit : « *Omnia autem secundum Dei voluntatem* ».

Adhuc idem quod primum videtur posse haberi ex
verbis Damasceni libro I°, cap.° 16°, ubi dicit :
« *Circumscriptibile quidem est, quod loco vel tempore*

dont Dieu est partout en raison de l'absence pour lui de toute limite), mais quelque part, | même s'il n'est pas de **69** manière déterminée seulement ici ou seulement là.

Cette opinion semble pouvoir être tirée du IIe livre, chapitre 3, de Damascène, où il dit : « Vigoureux sont les anges, gardiens des parties de la terre et veillant sur les nations et les lieux, comme ils ont été ordonnés selon leur condition »[1]. Il apparaît ainsi qu'ils sont préposés au gouvernement des choses corporelles en raison de l'ordonnancement naturel <des choses du monde>. Et il n'en serait pas ainsi s'ils n'étaient pas déterminés à leur égard selon le lieu ; mais puisqu'une telle préséance, selon le même auteur au même endroit, ne peut être exercée que par une opération – raison pour laquelle il ajoute : « et ils viennent à notre secours en administrant les choses qui sont autour de nous »[2] –, ce qui vient d'être dit est davantage en faveur de l'opinion soutenant que les anges sont nécessairement quelque part par une opération, car ils ne peuvent pas ne pas agir sur les choses corporelles. Ce que Damascène affirme n'est toutefois pas complètement en faveur de cette opinion, car lorsqu'il précise : « en raison de la condition de leur nature », cela peut désigner aussi bien leur aptitude naturelle à l'égard d'un lieu (soit par une opération, soit d'une autre manière) que leur agir. C'est pourquoi il ajoute : « mais tout cela selon la volonté de Dieu »[3].

La même opinion semble également pouvoir être tirée des propos de Damascène au Ier livre, chapitre 16, où il déclare : « Ce qui est compris dans un lieu ou dans le temps

---

1. Jean Damascène, *La foi orthodoxe*, § 17 (II, 3), vol. I, p. 231.
2. Jean Damascène, *La foi orthodoxe*, § 17 (II, 3), vol. I, p. 231.
3. Jean Damascène, *La foi orthodoxe*, § 17 (II, 3), vol. I, p. 231.

vel comprehensione comprehenditur, incircumscriptibile vero, quod nullo horum continetur. Incircumscriptibile quidem igitur solus Deus. Angelus autem et tempore circumscribitur (incipit enim esse) et loco (etsi intelligibiliter, ut praediximus) et comprehensione, corpus autem et 70 | *principio et fine et loco corporaliter et comprehensione ».* Et, ut videtur, Damascenus non loquitur hic nisi secundum conditionem naturae absolutae.

Substantia ergo angeli, etsi non operetur, necessario est circumscripta loco, etsi intelligibiliter, non corporaliter, ut dictum est. Quin ita sit nec determino, nec sustineo, nec defendo. Sed quid sit illud, per quod angelus ita sit in loco, et quid sit in eo, ratione cuius ita sit in loco, sive ipsa naturae limitatio, sive aliquid aliud, re vera nescio. Quod tamen sit ipsa naturae suae limitatio, credere bene possum, licet non intelligam, ut credendo intelligere valeam. Hoc enim forte ex illis est, de quibus dicit Propheta : « *Nisi credideritis, non* intelligetis ». Sed ex parte limitationis creaturae unum scio, videlicet quod in ea potest intelligi duplex limitatio.

ou par la compréhension peut certainement être circonscrit ; en revanche, ce qui n'est contenu en aucune de ces manières-là ne peut pas être circonscrit. Par conséquent, seul Dieu ne peut pas être circonscrit. L'ange, en revanche, est circonscrit dans le temps (car il commence à être) et dans le lieu (quoique de manière intelligible, comme nous l'avons dit) et par la compréhension, alors que le corps | est circonscrit par un début et une fin, par un lieu de 70 manière corporelle, ainsi que par la compréhension »[1]. Or, comme il apparaît, Damascène ne s'exprime à cet endroit que selon la condition de la nature absolue.

Par conséquent, même si l'ange n'agit pas, sa substance est nécessairement circonscrite dans un lieu, non de manière corporelle, mais intelligible, comme il a été dit[2]. Qu'il n'en soit pas ainsi, je ne le déclare, ni le soutiens, ni le défends. En réalité, j'ignore ce qu'est ce par quoi l'ange est de cette manière en un lieu et ce qui en lui constitue la raison d'y être ainsi, qu'il s'agisse de la limite même de sa nature ou de quelque chose d'autre. Je peux cependant bien croire que ce soit la limitation de sa nature – même si je ne le comprends pas –, afin d'être capable de le comprendre en croyant. En effet, cette question fait probablement partie de celles qui font dire au prophète : « si vous ne croyez pas, vous ne comprendrez pas »[3]. Or, en ce qui concerne la limite de la créature, je sais <certainement> une chose, à savoir que l'on peut reconnaître en elle une double limitation.

1. Jean Damascène, *La foi orthodoxe*, § 13 (I, 13), vol. I, p. 213.
2. Cf. *supra*, p. 57.
3. *Isaïe*, 7, 9.

Una in natura sua et essentia, qua finita est et certis
terminis contenta. Et sic solus Deus illimitatus est et
infinitus in natura et essentia. Et propter hoc quaelibet
species creaturae habet definitionem, quae est sermo
quidditatis et essentiae eius, et dicitur terminus et mensura
creaturae et essentiae rei, solus autem Deus definitione
caret, ut alibi expositum est. Unde qui cognoscit quod quid
est de re, eam cognitione sua comprehendit, comprehen-
dendo in sua cognitione terminos et limites naturae rei.
Sic etiam Deus, ut dicit Damascenus, « *a nullo cognitus*
est, sed *ipse solus sui ipsius contemplator* ». Non tamen
ex hoc negat quin aliquo modo a beatis videri possit. Ut
enim dicit Augustinus De videndo Deum : « *Aliud est*
71 *videre, aliud videndo totum comprehendere.* | *Quandoquidem*
id videtur, quod praesens utcumque sentitur ; totum autem
comprehenditur videndo, quod ita videtur, ut nihil eius
lateat videntem, cuius fines circumspici possunt :
circumspicere enim *potes fines annuli tui* ». Sic angeli in
rei veritate limitati sunt et limites suos sua cognitione
comprehendunt, dicente Damasceno : « *Ad invicem*
natura sciunt qualiter a Creatore determinantur finaliter,

L'une est dans sa nature et son essence, par laquelle elle est finie et comprise dans des limites déterminées. Ainsi, Dieu seul est illimité et infini dans sa nature et son essence. Pour cette raison, parmi les créatures, chaque espèce a une définition qui exprime sa quiddité et son essence et qui est considérée comme la limite et la mesure de la créature et de l'essence de la chose, alors que seul Dieu n'a pas de définition, comme il a été exposé ailleurs [1]. C'est pourquoi celui qui connaît ce qu'est la chose la comprend par sa connaissance, en comprenant dans sa connaissance les termes et les limites de la nature de la chose. Ainsi Dieu, comme le dit Damascène, « n'est connu de personne, mais lui seul se contemple lui-même » [2]. Damascène ne nie pas pour autant que Dieu ne puisse être vu par les bienheureux de quelque manière. En effet, comme le dit Augustin dans le traité sur la vision de Dieu : « Autre chose est de voir, autre chose est de comprendre tout en voyant. | Parfois est vu ce qui est perçu du fait de 71 sa présence ; on comprend tout en voyant, quand rien n'échappe à celui qui voit et lorsque les limites <de ce qui est vu> peuvent être embrassées par le regard : en effet, tu peux contenir du regard les limites de ton anneau » [3]. Ainsi, en vérité, les anges sont limités et ils comprennent par la connaissance leurs limites, comme le dit Damascène : « ils connaissent par nature réciproquement de quelle manière ils sont déterminés par le Créateur selon la finalité,

---

1. Henri de Gand, *Quaestiones ordinariae (Summa)*, art. 23, q. 1, Parisiis 1520, I, f. 136rS.

2. Jean Damascène, *La foi orthodoxe*, § 13 (I, 13), vol. I, p. 213.

3. Augustin, *Lettre* 147 (*Lettre à Pauline*), c. 9, § 21, dans *Œuvres complètes de Saint Augustin*, trad. de Péronne, Écalle, Vincent, Charpentier, Barreau, Paris 1870, t. V, p. 286.

id est perfectione ». Haec ergo est prima limitatio creaturae, quae potest dici perfectionis, quae est in natura eius et essentia.

Alia vero est limitatio creaturae, quae dicitur limitatio ad situm, qua ita finita est et certis limitibus contenta, ut necesse est eam esse alicubi, non nusquam nec ubique, sed ita hic, quod non ibi, ita quod, etsi non determinate hic vel ibi, tamen sub indeterminatione, ut hic vel ibi vel alibi, ut dictum est supra de situ puncti. Et pertinet ista limitatio ad praedicamentum "ubi", et certum est eam esse per substantiam in qualibet creatura sub quantitate extensa vel sub ratione puncti intellecta.

Quod omnis creatura distat et differt a Deo per primam limitationem suam, clare video. Quomodo vero necesse est omnem creaturam differre et distare ab eo per secundam limitationem quia ipse est ubique, omnis autem creatura necessario alicubi, sed non ubique, et an prima limitatio, in natura scilicet et essentia, sit causa et ratio istius secundae limitationis, vel quodcumque aliud illud sit, dico quod penitus ignoro. Quin tamen angelus secundum substantiam sine operatione sit in loco, et quin ipsa limitatio naturae eius vel aliquid huiusmodi sit illius ratio, nullatenus dogmatizo, sustineo seu defendo quoquo modo.

c'est-à-dire la perfection » [1]. Telle est donc la première limitation de la créature, laquelle peut être considérée comme une limitation de sa perfection et se trouve dans sa nature et son essence.

Mais il y a une autre limitation de la créature, à savoir sa délimitation relativement à la position ; par elle, la créature est finie et contenue dans des limites déterminées de sorte à être nécessairement quelque part, non pas nulle part ni partout, mais ici et non là. Or, même si elle n'est pas de manière déterminée ici ou là, elle est toutefois, de manière indéterminée, soit ici, soit là, soit ailleurs, comme il a été dit auparavant à propos de la position du point [2]. Cette limitation relève de la catégorie du "où", et il est certain qu'elle est substantiellement dans chaque créature étendue selon la quantité ou conçue selon la raison du point.

Je vois clairement que chaque créature est éloignée et diffère de Dieu par la première limitation. En revanche, j'ignore complètement de quelle manière il est nécessaire que toute créature diffère et soit éloignée de lui par la seconde limitation – car Dieu est partout, alors que toute créature est nécessairement quelque part, mais non partout –, de même que j'ignore si la première limitation, à savoir celle qui est dans sa nature et son essence, est la cause et la raison de cette seconde limitation, ou quoi que ce soit d'autre. Toutefois, que l'ange ne soit pas dans un lieu selon sa substance sans opération et que la limitation de sa nature, ou quelque chose de semblable, n'en constitue pas la raison, je ne le professe nullement, ni le soutiens, ni le défends de quelque manière.

---

1. Jean Damascène, *La foi orthodoxe*, § 13 (I, 13), vol. I, p. 213.
2. Cf. *supra*, p. 63-65.

72 Et, quod amplius est, | nec mihi nec cuiquam ut contrarium teneat, suadere intendo ex praemissis. Quae iam proposui, ut solummodo rei difficultatem insinuarem et aliquem ad eam declarandam provocarem.

<Ad argumenta>

Ad argumentum in oppositum dicendum secundum iam dicta quod angelus secundum substantiam habet esse in loco. Et huius ratio potest esse vel operatio eius, vel aliquid aliud, ut naturae limitatio vel si quid aliud. Unde, cum operatur in loco quanto et per hoc est in loco divisibili et quanto, tunc verum est quod est in loco per virtutis suae quantitatem. Nihilominus tamen, cum est in loco non operando, bene potest esse in loco secundum substantiam per aliud, quod est illius ratio, licet non in divisibili et quanto, sed in simplici et indivisibili, et forte etiam in quanto et divisibili. Quomodo tamen et in quanto loco, pedali vel bipedali, maiori vel minori, vel in simplici et indivisibili, ut verum fatear, dico quod ignoro penitus.

Qui plus est, | je n'entends persuader ni moi-même ni 72
personne de soutenir le contraire à partir de ce qui précède,
l'ayant proposé uniquement pour esquisser la difficulté de
la chose et pour inciter quelqu'un d'autre à la résoudre.

<Aux arguments contraires>

À l'argument contraire [1] il faut répondre, selon ce qui
a déjà été dit, que l'ange est dans un lieu selon sa substance.
Et la raison peut en être soit son opération, soit quelque
chose d'autre, comme la limitation de sa nature ou encore
quelque chose d'autre. C'est pourquoi, lorsqu'il agit dans
un lieu ayant des dimensions et qu'il se trouve, de ce fait,
dans un lieu divisible et étendu, il est alors vrai qu'il se
trouve dans ce lieu au moyen de la quantité de sa puissance.
Cependant, lorsqu'il est dans un lieu sans agir, il peut bien
s'y trouver selon sa substance au moyen d'autre chose qui
en constitue la raison, bien qu'il ne se trouve <alors> pas
dans un lieu divisible et étendu, mais dans un lieu simple
et indivisible, ou peut-être aussi dans un lieu étendu et
divisible. Quant à savoir de quelle manière et dans quelle
quantité de lieu il se trouve – qu'il s'agisse d'un lieu de la
grandeur d'un pied ou de deux pieds, d'un lieu plus grand
ou plus petit – ou <s'il se trouve> dans un lieu simple et
indivisible, pour dire vrai, j'avoue que je l'ignore totalement.

1. Cf. *supra*, p. 53.

MATTHAEUS DE AQUASPARTA

QUAESTIONES DE ANIMA SEPARATA, DE ANIMA BEATA, DE IEUNIO ET DE LEGIBUS, QUAESTIO II

SECUNDO QUAERITUR, UTRUM ANIMA SEPARATA POSSIT MOVERE SE DE LOCO AD LOCUM

Quod non, ostenditur

1. Impossibile est in eadem substantia et secundum idem inveniri contrarietates; sed si anima de loco ad locum movet se, necesse est in eadem substantia animae inveniri contrarietates; ergo etc. – Probatio minoris est, quoniam necesse est ut in omni substantia se movente sit aliquid actu movens et aliquid actu motum. Sed actu movens non est motum et actu motum non est movens; ergo si anima separata movet se, in eadem substantia animae est movens et non movens, motum et non motum, quae non solum sunt contraria, immo contradictoria; ergo etc.

QUESTIONS DISPUTÉES SUR L'ÂME SÉPARÉE, L'ÂME BIENHEUREUSE, LE JEÛNE ET LES LOIS, Q. II

En second lieu, on demande si l'âme séparée peut se mouvoir d'un lieu vers un autre lieu

On démontre que non

1. En effet, il est impossible de trouver des contrariétés dans la même substance et sous le même rapport[1] ; mais si l'âme se meut d'un lieu vers un autre lieu, il y aura nécessairement des contrariétés dans la substance de l'âme ; donc, etc. – Voici la preuve de la mineure : dans chaque substance qui se meut, il faut qu'il y ait quelque chose qui meut en acte et quelque chose qui est mû en acte. Ce qui meut en acte n'est pas mû et ce qui est mû en acte ne meut pas ; par conséquent, si l'âme séparée se meut elle-même, il y aura dans la même substance de l'âme quelque chose qui meut et quelque chose qui ne meut pas, quelque chose qui est mû et quelque chose qui n'est pas mû – des choses qui sont non seulement contraires, mais, qui plus est, contradictoires ; donc, etc.

---

1. *Cf.* Aristote, *De l'interprétation*, 14, 24b9.

2. Item, secundum Philosophum, in principio VII *Physicorum*, « omne quod movetur, ab alio movetur » ; ergo anima separata semetipsam movere non potest, aut anima separata alia est a semetipsa.

3. Item, Augustinus, XII *Super Genesim*, in principio, quaerens utrum Paulus fuit raptus ad loca corporalia vel spiritualia, respondet quod neque corpus ad loca spiritualia neque spiritus sine corpore ad loca corporalia rapi potest. Inde arguo : sicut corpus ad loca spiritualia, secundum comparationem Augustini, ita spiritus ad loca corporalia ; sed corpus ad loca spiritualia nullo modo moveri potest ; ergo nec spiritus ad | loca corporalia sine corpore ; ergo anima separata nullo modo moveri potest de loco ad locum.

4. Item, Hugo, II libro *De sacramentis*, parte 6, cap. 2, quaerit, animae corporibus exutae quo pergant. Et probat quod non moventur de loco ad locum sic : « Quando anima non est in corpore, non est in loco, quia locus non est nisi in corpore. Quando autem extra corpus est et extra locum est, inter ipsam et corpus non est locus ; et aequaliter distat ab omni corpore, quia inter ipsam et omne corpus nullum est corpus. Si autem inter ipsam et omne corpus nullum est corpus, constat profecto quia inter

2. De même, selon le Philosophe, au début du VIIe livre de la *Physique*, « tout ce qui est mû, est mû par un autre »[1]; il s'ensuit que l'âme séparée ne peut pas se mouvoir elle-même, ou alors que l'âme séparée est autre qu'elle-même.

3. De même, au début du livre XII de son commentaire de la *Genèse*[2], à la question de savoir si Paul fut ravi vers des lieux corporels ou spirituels, Augustin répond qu'un corps ne peut pas être emmené vers des lieux spirituels, ni un esprit sans un corps vers des lieux corporels. À partir de là, j'argumente <comme suit> : selon la comparaison d'Augustin, l'esprit se rapporte aux lieux corporels à la manière dont le corps se rapporte aux lieux spirituels; or un corps ne peut aucunement se mouvoir vers des lieux spirituels; un esprit ne pourra donc pas | se mouvoir sans un corps vers des lieux corporels. Il s'ensuit que l'âme séparée ne peut se mouvoir d'aucune façon d'un lieu vers un autre lieu.

4. De même, au IIe livre du traité *Sur les sacrements*, partie 6, chapitre 2, Hugues demande où vont les âmes une fois dépouillées des corps, et il prouve de la manière suivante qu'elles ne se meuvent pas d'un lieu vers un autre lieu : « Lorsque l'âme n'est pas dans le corps, elle n'est pas dans un lieu, car il n'y a de lieu que dans un corps. Or, lorsqu'elle est en dehors du corps et en dehors du lieu, entre elle et ce corps il n'y a pas de lieu; ainsi, elle est éloignée de chaque corps à égale distance, car entre elle et n'importe quel corps il n'y a aucun corps. Mais si entre elle et chaque corps il n'y a aucun corps, il apparaît assurément qu'entre

---

1. Aristote, *Physique*, VII, 1, 241b34.
2. Augustin, *La Genèse au sens littéral*, l. XII, c. 1, § 2 (BA 49, p. 330-331).

ipsam et omne corpus nullus est locus, quia locus non est ubi corpus non est. Quando igitur extra omne corpus est, quantum ad locum prope est aequaliter omni corpori, quia si extra corpus posita uni corpori propior et alteri esset remotior, inter ipsam profecto et corpus spatium esset; si spatium esset, locus esset; si locus esset, corpus esset. Si autem inter ipsam et omne corpus corpus esset, extra omne corpus corpus esset; quod fieri non potest. Itaque anima neque per corpus ad corpus accedit, neque per corpus a corpore recedit; et ideo nec loco movetur ut recedat a corpore quod est in loco, nec loco movetur ut accedat ad corpus quod est in loco ».

5. Item, quod indifferenter se habet ad omnem locum non movetur de loco ad locum; sed anima separata indifferenter se habet ad omnem locum; ergo non movetur de loco ad locum. – Maior manifesta est. Minor probatur, quoniam certum est quod anima separata secundum essentiam suam a loco non dependet : omni enim loco destructo, adhuc anima separata maneret; ergo non plus respicit unum locum quam alium. Ergo ad omnem locum indifferenter se habet; ergo nec movetur de loco ad locum.

elle et chaque corps il n'y a aucun lieu, car il n'y a pas de lieu là où il n'y a pas de corps. Par conséquent, lorsqu'elle est en dehors de tout corps, elle est, quant au lieu, également proche de tout corps. En effet, si une fois en dehors du corps, elle était plus proche d'un corps et plus éloignée d'un autre, entre elle et le corps il y aurait certainement un espace ; s'il y avait un espace, il y aurait un lieu ; et s'il y avait un lieu, il y aurait un corps. Mais si entre elle et chaque corps il y avait un corps, il y aurait un corps en dehors de tout corps, ce qui ne peut se produire. Ainsi, l'âme ne s'approche pas d'un corps au moyen d'un corps, ni ne s'éloigne d'un corps au moyen d'un corps ; dès lors, elle ne se meut pas dans un lieu pour s'éloigner d'un corps qui est dans un lieu, ni ne se meut dans un lieu pour s'approcher d'un corps qui est dans un lieu »[1].

5. De même, ce qui se rapporte indifféremment à chaque lieu ne se meut pas d'un lieu vers un autre lieu ; or l'âme séparée se rapporte indifféremment à chaque lieu ; elle ne se meut donc pas d'un lieu vers un autre. – La majeure est évidente. On prouve la mineure ainsi : il est certain que l'âme séparée ne dépend pas du lieu selon son essence car, une fois tout lieu détruit, l'âme séparée demeurerait ; elle ne se rapporte donc pas plus à un lieu qu'à un autre. Il s'ensuit qu'elle se rapporte indifféremment à tout lieu et qu'elle ne se meut donc pas d'un lieu vers un autre.

---

1. Hugues de Saint-Victor, *De sacramentis christianae fidei*, l. II, p. XVI, c. 2, éd. R. Berndt, Münster 2008, p. 550 (PL 176, 581 C – 582 A).

6. Item, Augustinus, VIII *Super Genesim*, cap. 12, probat quod omnis motus fluit ab immobili, et omne motum innititur super aliquod immobile. Et ponit exemplum in corpore humano, quoniam non movetur solus digitus nisi stet manus, nec manus nisi stet cubitus, nec cubitus nisi stet humerus, et sic de ceteris ; in ambulando etiam non movetur unus pes | nisi stet alius. Omnis igitur motus fluit ab immobili et omne motum innititur super immobile. Sed in anima separata impossibile est inveniri aliquod immobile, super quod motus fundetur, quoniam tota movetur, et nihil potest signari aut intelligi quod stet ; ergo impossibile est quod moveatur de loco ad locum.

7. Item, duo necessario requiruntur ad motum, scilicet victoria super spatium ex parte virtutis moventis et resistentia ex parte spatii ; ubi autem est aut resistentia sine victoria aut victoria sine resistentia, non potest esse motus. Sed anima separata ita vincit super spatium quod spatium nullo modo resistit ; ergo anima separata non movetur.

8. Item, quod non est possibile applicari aut determinari ad locum, non est possibile moveri de loco ad locum ; sed animam separatam impossibile est aut applicari aut determinari ad locum ; ergo impossibile est moveri

6. De même, au VIIIe livre de son commentaire de la *Genèse*, chapitre 12[1], Augustin prouve que chaque mouvement découle de quelque chose d'immobile et que tout ce qui est mû prend appui sur quelque chose d'immobile. Il prend l'exemple du corps humain, car le doigt seul ne se meut pas si la main n'est pas stable, ni la main si le coude n'est pas fixe, ni le coude si l'épaule ne l'est pas, et ainsi de suite; de même, lorsqu'on marche, un pied ne se meut pas | si l'autre n'est pas fixe. Chaque mouvement **22** découle donc de quelque chose d'immobile et tout ce qui est mû s'appuie sur quelque chose d'immobile. Or dans l'âme séparée on ne peut rien trouver d'immobile sur lequel le mouvement pourrait se fonder, car elle se meut tout entière et rien en elle ne peut être désigné ou compris comme étant fixe; il est donc impossible qu'elle se meuve d'un lieu à un autre.

7. De même, deux conditions sont nécessairement requises pour le mouvement : du côté de la puissance motrice, la suprématie sur l'espace, et du côté de l'espace, la résistance <du milieu>; aussi, là où il y a résistance sans suprématie, ou suprématie sans résistance, il ne peut y avoir de mouvement. Or l'âme séparée domine l'espace, car l'espace ne lui oppose aucune résistance; il s'ensuit que l'âme séparée ne se meut pas.

8. De plus, ce qui ne peut s'appliquer au lieu, ou être déterminé par rapport à lui, ne peut pas se mouvoir d'un lieu vers un autre lieu; or il est impossible que l'âme séparée s'applique au lieu ou qu'elle soit déterminée par rapport à lui; il est donc impossible qu'elle se meuve

---

1. Augustin, *La Genèse au sens littéral*, l. VIII, c. 21, § 40-42 (BA 49, p. 70-75).

de loco ad locum. – Maior manifesta est. Minor probatur,
quoniam si applicatur, aut ad indivisibile aut ad divisibile;
non [ad]* indivisibile, quoniam sic applicaretur corpori in
quo est; neque ad divisibile, quia sic commensuraretur ei,
quod falsum est, quoniam indivisibile non potest
commensurari divisibili; ergo etc.

9. Item, omnia quae moventur voluntarie ad aliquem
terminum localem, moventur eodem motu in specie, quia
motus recipit speciem a termino, secundum Philosophum,
in V *Physicorum*; ergo necesse est quod conveniat eis
secundum unam communem rationem. Sed quaecumque
moventur motu eodem specie et secundum unam rationem,
possunt moveri ab eadem virtute movente. Ergo si anima
potest se movere ad aliquem locum, pari ratione et virtute
potest voluntarie movere corpus aliquod; sed corpus aliquod
non potest movere secundum sententiam Magistrorum;
ergo etc.

10. Item, omne quod movetur de loco ad locum necesse
est applicari ad locum; sed anima separata nullo modo
potest applicari ad locum; ergo nec moveri de loco ad
locum. – Maior est manifesta. Minor probatur sic: si enim
applicatur, aut per essentiam aut per operationem

d'un lieu vers un autre. – La majeure est évidente. On prouve la mineure de la manière suivante : si l'âme séparée s'applique au lieu, elle se rapporte soit à quelque chose d'indivisible, soit à quelque chose de divisible ; elle ne s'applique pas à quelque chose d'indivisible, car dans ce cas elle s'appliquerait au corps dans lequel elle se trouve ; ni à quelque chose de divisible, parce qu'elle lui serait alors commensurable – ce qui est faux, car l'indivisible ne peut être commensurable au divisible. Donc, etc.

9. De plus, toutes les choses qui se meuvent volontairement vers un terme dans l'espace se meuvent d'un même mouvement selon l'espèce, car le mouvement reçoit sa spécificité de son terme, selon le Philosophe au Ve livre de la *Physique*[1] ; il faut donc que le mouvement ait à l'égard de ces choses un rapport de convenance selon une raison commune. Or tout ce qui se meut d'un même mouvement selon l'espèce et selon une même raison peut être mû par la même puissance motrice. Par conséquent, si l'âme peut se mouvoir vers quelque lieu, elle peut pour la même raison et par la même puissance mouvoir volontairement un corps ; or selon l'opinion de certains maîtres, elle ne peut pas mouvoir un corps. Donc, etc.

10. De même, tout ce qui se meut d'un lieu à un autre doit s'appliquer à un lieu ; or l'âme séparée ne peut d'aucune façon s'appliquer à un lieu ; elle ne peut donc pas se mouvoir d'un lieu à un autre. – La majeure est évidente. La mineure est prouvée de la manière suivante : si elle s'applique à un lieu, elle le fera soit par son essence, soit par une opération,

---

1. *Cf.* Aristote, *Physique*, V, 1, 224b7-8.

23 aut per suam limitationem. Non | per essentiam, quia hoc excommunicatum est; nec per operationem, quia operatio non est in operante, et ideo per illam anima non potest ad locum applicari; nec per limitationem, quia limitatio non addit aliquid super essentiam. Ergo etc.

11. Item, omne quod movetur de loco ad locum acquirit primo aliquid spatii super quod movetur; sed anima separata nihil potest primo acquirere spatii super quod movetur; ergo anima separata non potest moveri de loco ad locum. – Probatio maioris est, quoniam omnis motus incipit a mutatione; in omni autem mutatione necessario aliquid acquiritur; ergo in omni motu acquiritur primo aliquid spatii. – Probatio minoris est per Philosophum, VI *Physicorum*, qui probat quod impossibile est aliquid primo acquiri. Si enim primum aliquid acquiritur, aut partibile aut impartibile. Si partibile, dividatur illud; tunc quaero de illo; iterum illud dividatur, et tunc quaeram de illo, et tunc vel erit abire in infinitum aut illud quod pono [primo] acquisitum, non fuit primum. Nec indivisibile sive impartibile potest primo acquiri, quoniam impossibile est in eodem continuo esse duo indivisibilia aut continua aut contigua.

soit à cause de sa limitation. Ce ne peut | pas être par son   23
essence, car cette opinion a été excommuniée[1] ; ni par une
opération, car l'opération n'est pas dans celui qui opère,
si bien que l'âme ne peut s'appliquer à un lieu au moyen
d'une opération ; ni par sa limitation, car la limitation
n'ajoute pas quelque chose à l'essence. Donc, etc.

11. De plus, tout ce qui se meut d'un lieu à un autre
acquiert en premier quelque chose de l'espace dans lequel
il se meut ; or l'âme séparée ne peut rien acquérir en premier
de l'espace dans lequel elle se meut ; l'âme séparée ne peut
donc pas se mouvoir d'un lieu à un autre. – Voici la preuve
de la majeure : chaque mouvement commence par un
changement, et dans chaque changement quelque chose
est nécessairement acquis ; dans chaque mouvement, on
acquiert donc en premier quelque chose de l'espace. – La
preuve de la mineure est donnée par le Philosophe au
VIe livre de la *Physique*[2], où il prouve qu'il est impossible
que quelque chose soit acquis en premier. En effet, si
quelque chose est acquis en premier, il s'agit soit de quelque
chose qui peut être divisé en parties, soit de quelque chose
qui ne peut pas être divisé en parties. S'il peut être divisé,
qu'on le divise ; je demande alors à propos de celui-ci <qu'il
soit divisé à son tour> ; et ensuite je demanderai encore la
même chose, si bien que soit on ira à l'infini, soit ce que
je pose comme acquis en premier n'a pas été le premier.
Mais on ne peut pas non plus acquérir en premier quelque
chose d'indivisible ou qui ne peut pas être divisé, car il
est impossible que dans le même continu il y ait deux
indivisibles qui soient continus ou contigus.

1. *Cf.* D. Piché, *La condamnation*, art. 219, p. 147.
2. *Cf.* Aristote, *Physique*, VI, 5, 236b8-18.

12. Item, Philosophus, I *De anima* : « Non solum falsum est substantiam animae se ipsam movere, sed unum impossibilium inesse ipsi moveri » ; ergo etc.

13. Si aliquod continuum moveatur per aliquod spatium motu continuo, describit omnia indivisibilia illius spatii in potentia, duo tantum in actu. Ergo, si aliquid indivisibile movetur per aliquod spatium motu continuo, necesse est quod describat omnia indivisibilia in actu secundum quod sunt indivisibilia. Sed anima separata est simplex et indivisibilis ; ergo si movetur per aliquod spatium motu continuo, necesse est suo motu describere actu omnia indivisibilia illius spatii. Sed hoc est impossibile, cum sint infinita ; et impossibile est infinita transire ; ergo impossibile est animam separatam moveri per aliquod spatium.

24 | 14. Item, duae sunt mensurae dependentes a corpore caelesti, scilicet locus et tempus. Quod patet, quoniam ultimum continentis non habet rationem loci ratione suae naturae, quia nec habet immobilitatem, sed ratione habitudinis [ad] terminos mundi sive ad corpus caeli ; et similiter tempus fundatur in motu primi mobilis. Sed anima separata nullo modo dependet a corpore caeli ; ergo non mensuratur nec loco nec tempore. Sed omnis motus de loco ad locum necesse est mensurari et loco et tempore ; ergo etc.

12. De même, au Ier livre du traité *De l'âme*, le Philosophe écrit : « Non seulement il est faux que la substance de l'âme se meuve elle-même, mais il est impossible que le fait de se mouvoir lui soit inhérent »[1]. Donc, etc.

13. Par ailleurs, si un continu se meut d'un mouvement continu à travers un espace, il décrit en puissance tous les points indivisibles de cet espace, mais deux seulement en acte. Il s'ensuit que si un indivisible se meut d'un mouvement continu à travers l'espace, il est nécessaire qu'il décrive en acte tous les points indivisibles en tant qu'ils sont indivisibles. Or l'âme séparée est simple et indivisible ; par conséquent, si elle se meut d'un mouvement continu à travers l'espace, il est nécessaire que par son mouvement elle décrive en acte tous les points indivisibles de cet espace. Mais cela est impossible, puisqu'ils sont en nombre infini et qu'il est impossible de traverser l'infini[2] ; il est donc impossible que l'âme séparée se meuve à travers l'espace.

| 14. De plus, il y a deux mesures qui dépendent du **24** corps céleste, à savoir le lieu et le temps. Cela est manifeste, car la limite extérieure du contenant n'a pas la raison de lieu en vertu de sa nature, puisqu'elle n'est pas immobile, mais en vertu de son rapport aux limites du monde ou au corps du ciel ; de manière analogue, le temps est fondé dans le mouvement du premier mobile[3]. Or l'âme séparée ne dépend aucunement du corps céleste et n'est donc mesurée ni par le lieu ni par le temps, alors que chaque mouvement d'un lieu à un autre est nécessairement mesuré par le lieu et le temps. Donc, etc.

1. Aristote, *De l'âme*, I, 2, 405b31 – 3, 406a2.
2. Aristote, *Physique*, III, 4, 204a2-3.
3. *Cf.* Aristote, *Physique*, IV, 14, 223b21-23.

15. Item, suppono quod anima separata est in loco divisibili et partibili, nec est in loco ratione figurae alicuius, quia ita est in loco rotundo sicut quadrato et oblongo, ita quod est in qualibet parte loci tota. Ponamus igitur quod sit anima in tanto loco quanta est una domus, et ille locus sit quadratus : possibile est describi unum quadrangulum oblongum aequalis spatii cum illo quadrato usque ad finem mundi. Ergo qua ratione est in toto illo loco quadrato, potest esse in toto illo quadrangulo ; ergo anima separata potest esse in toto aliquo loco extenso usque ad finem mundi. Sed certum est quod anima separata non movetur ad locum in quo est ; ergo etc.

16. Item, Augustinus, *Ad Orosium*, 62 quaestione, et VIII *Super Genesim*, cap. 12 : Omnis creatura corporalis per loca et tempora movetur, spiritualis autem per tempora, non per loca. Sed certum est quod anima separata creatura spiritualis est ; ergo etc.

17. Item, in eodem : Nihil movetur per locum nisi quod distenditur per spatium loci ; sed anima non distenditur per spatium loci ; ergo non movetur per locum.

15. De même, je formule l'hypothèse que l'âme séparée est dans un lieu divisible en parties ; elle n'est pas dans ce lieu en raison d'une configuration déterminée, car elle est autant dans un lieu rond que dans un lieu carré ou allongé, de sorte à être tout entière dans chaque partie du lieu. Admettons donc que l'âme soit dans un lieu aussi grand que l'est une maison et que ce lieu soit carré ; il est alors possible de tracer une figure quadrangulaire allongée, d'un espace égal à ce carré et allant jusqu'à la limite du monde : dans ce cas, pour la raison pour laquelle l'âme est dans ce lieu carré tout entier, elle peut aussi être dans le lieu quadrangulaire tout entier ; l'âme séparée peut donc être dans la totalité d'un lieu étendu jusqu'à la limite du monde. Or il est certain que l'âme séparée ne se meut <alors> pas vers le lieu où elle se trouve. Donc, etc.

16. De plus, dans sa *Lettre à Orose*, question 62, et au VIIIe livre de son commentaire de la *Genèse*, chapitre 12, Augustin écrit : « chaque créature corporelle se meut à travers les lieux et les temps, alors que la créature spirituelle se meut à travers les temps et non à travers les lieux »[1]. Or il est certain que l'âme séparée est une créature spirituelle. Donc, etc.

17. De plus, dans le même livre <on lit que> rien ne se meut à travers un lieu sauf ce qui s'étend à travers l'espace d'un lieu[2] ; aussi, puisque l'âme ne s'étend pas à travers l'espace d'un lieu, elle ne se meut pas à travers le lieu.

---

1. Augustin, *La Genèse au sens littéral*, l. VIII, c. 20, § 39 (BA 49, p. 68-70).

2. *Cf.* Augustin, *La Genèse au sens littéral*, l. VIII, c. 21, § 40 (BA 49, p. 71-73).

Contra :

a. Magis distant apprehendens et apprehensum quam movens et motum, quoniam saltem apprehensum oportet esse in | apprehendente secundum speciem, quae est alia ab apprehendente et apprehenso. Sed anima separata potest apprehendere se ipsam ; ergo potest movere se ipsam.

b. Item, anima separata, statim ut separatur, vel ascendit in caelum empyreum vel descendit in infernum vel in purgatorium. Ergo necesse est animam separatam moveri de loco ad locum.

c. Item, Aristoteles, in I *De anima*, capitulo praeallegato : « Rationabile est animam [iis] movere [motibus] corpora quibus ipsa movetur ». Et « secundum quod corpus movetur, movetur et anima ». Sed corpus vere localiter movetur ; igitur et anima non tantum movetur de loco ad locum, sed etiam movetur localiter.

Responsio

Circa istam quaestionem fuerunt ab antiquo diversae opiniones inter doctores.

Quidam enim doctores theologi dixerunt et scripserunt quod nec anima separata nec aliqua spiritualis substantia movetur per se de loco ad locum, sicut nec est in loco per se aut per suam essentiam, sed per operationem suam. Sed moveri de loco ad locum est operari in pluribus locis ;

Arguments contraires

a. Celui qui connaît et ce qui est connu sont plus éloignés que ce qui meut et ce qui est mû, car ce qui est connu ne doit être dans | le connaissant que selon son espèce, laquelle 25 se distingue à la fois du connaissant et du connu. Or l'âme séparée peut se connaître elle-même ; elle peut donc se mouvoir elle-même.

b. De même, aussitôt qu'elle séparée, l'âme monte vers le ciel empyrée ou descend en enfer, ou au purgatoire. Il est donc nécessaire que l'âme séparée se meuve d'un lieu vers un autre.

c. De plus, dans le Ier livre du traité *De l'âme*, au chapitre mentionné auparavant, Aristote écrit : « Il est raisonnable que l'âme meuve les corps par les mêmes mouvements par lesquels elle se meut », et « selon que le corps se meut, l'âme aussi se meut »[1]. Or le corps se meut véritablement selon le lieu ; par conséquent, l'âme également ne se meut pas seulement d'un lieu à un autre, mais aussi localement.

Réponse

À propos de cette question, il y a eu, depuis très longtemps, des opinions diverses parmi les docteurs.

En effet, certains docteurs en théologie[2] ont dit et écrit que ni l'âme séparée ni quelque substance spirituelle ne se meut par elle-même d'un lieu à un autre, de même qu'elle n'est pas dans un lieu par elle-même ni par son essence, mais par son opération. Or se mouvoir d'un lieu à un autre, c'est opérer dans plusieurs lieux ;

---

1. Aristote, *De l'âme*, 406a30 – 406b1.
2. *Cf.* Thomas d'Aquin, *In I Sententiarum*, d. XXXVII, q. IV, a. 1 ; *Summa theologiae* I, q. 53, a. 1.

et quia hoc non potest simul, quia non sunt duo loca simul, et substantia spiritualis creata limitatam habet virtutem et non potest simul operari in pluribus locis, ideo nec esse in pluribus locis; propterea motus eius de loco ad locum est successio operationum, mediantibus quibus applicatur ad locum.

Quod autem substantia spiritualis separata in loco non sit nisi per operationem ac per hoc nec in loco moveatur, probant et auctoritatibus et rationibus.

Primo possunt uti auctoritate Augustini, doctoris praecipui, qui dicit, VIII *Super Genesim*, quod solum hoc est in loco quod maius est in toto quam in parte, et ideo solum hoc | movetur de loco ad locum quod distenditur per spatium loci. Constat autem substantias separatas nullam distensionem habere nec esse maiores in toto quam in partibus; ergo nec sunt in loco vel moventur de loco ad locum. Dicit etiam *83 Quaestionum*, 21 : omne « quod loco continetur corpus est ». – Secundo adducunt auctoritatem Boethii, *De hebdomadibus*, qui dicit quod communis animi conceptio sapientum est

et puisqu'elle ne le peut pas en même temps, du fait que deux lieux ne coïncident pas et qu'une substance spirituelle créée possède une puissance limitée et ne peut donc pas opérer simultanément en plusieurs lieux, elle ne peut pas non plus être dans plusieurs lieux <à la fois>; pour cette raison, son mouvement d'un lieu à un autre est une succession d'opérations, au moyen desquelles elle s'applique à un lieu.

En outre, ils prouvent par des autorités et des arguments qu'une substance spirituelle séparée n'est dans un lieu que par une opération et qu'elle ne se meut donc pas dans un lieu.

Premièrement, ils peuvent s'appuyer sur l'autorité d'Augustin, insigne docteur, qui, au VIIIᵉ livre du commentaire de la *Genèse*[1], dit que seul ce qui est plus grand dans le tout que dans une partie se trouve dans un lieu; ainsi, seul ce | qui s'étend dans l'espace d'un lieu **26** se meut d'un lieu vers un autre. Or c'est un fait établi que les substances séparées n'ont aucune étendue et qu'elles ne sont pas plus grandes dans le tout que dans les parties; elles ne se trouvent donc pas dans un lieu ni ne se meuvent d'un lieu à un autre. Dans la vingt-unième des *Quatre-vingt-trois questions diverses*, il dit aussi que tout « ce qui est contenu dans un lieu est un corps »[2]. – Deuxièmement, ils font appel à l'autorité de Boèce qui, dans le traité *De hebdomadibus*, dit que selon la conception que l'on rencontre couramment chez les sages

---

1. Augustin, *La Genèse au sens littéral*, l. VIII, c. 19, § 38 (BA 49, p. 66-68); *ibid.*, l. VIII, c. 22, § 43 (BA 49, p. 74-75).
2. Augustin, *Quatre-vingt-trois questions différentes*, q. 20 (BA 10, p. 68-71).

« incorporalia in loco non esse ». – Tertio adducunt auctoritatem Damasceni, qui dicit, I libro, cap. 16 et 17, quod « angelus est in loco intelligibiliter nec loco continetur, ut typum accipiat et formetur ; verumtamen dicitur esse in loco, quia circumscribitur ubi et operatur ».

Hoc ipsum astruunt et confirmant ratione multiplici. Primo, quoniam loci ad locatum necesse est esse aliquam proportionem ; sed cum substantia separata sit omnino simplex, impartibilis et indivisibilis, locus autem quantus est, non videtur esse aliqua proportio substantiae spiritualis ad locum vel e converso, ac per hoc nec est in loco nisi mediante aliquo quod per se potest applicari loco ; hoc autem est operatio. – Secundo, quoniam substantia separata a loco non dependet : omni enim loco corporeo circumscripto substantia spiritualis spiritualis esset, et omni loco annihilato adhuc remaneret ; propterea substantia spiritualis non videtur habere quantum ad suam essentiam aliquam ordinationem ad locum corporeum, et propterea nec est in loco essentialiter, sed tantum per operationem. Et quoniam non est in loco nisi per operationem, ita nec movetur de loco ad locum nisi quia modo operatur in uno loco, modo in alio.

« les entités incorporelles ne sont pas dans un lieu »[1].
– Troisièmement, ils s'appuient sur l'autorité de Damascène qui, au Ier livre, chapitres 16 et 17, dit que « l'ange est dans un lieu selon la modalité de l'intelligible et n'est pas contenu dans le lieu de sorte à en recevoir la figure et à être formé ; cependant, on dit qu'il est dans un lieu, car il est circonscrit là où il opère »[2].

Ils étayent et confirment leur propos par plusieurs arguments. Premièrement, car il est nécessaire qu'il y ait une certaine proportion entre le lieu et ce qui est localisé ; aussi, puisqu'une substance séparée est parfaitement simple, qu'elle ne peut pas être partagée et qu'elle est indivisible, alors que le lieu est une quantité <divisible>, il ne semble pas qu'il y ait un rapport de proportion entre la substance spirituelle et le lieu, et inversement ; par conséquent, elle n'est dans un lieu que par l'intermédiaire de quelque chose qui peut par lui-même s'appliquer à un lieu ; or ce quelque chose est une opération. – Deuxièmement, car une substance séparée ne dépend pas du lieu ; en effet, abstraction faite de tout lieu corporel, une substance spirituelle serait spirituelle et demeurerait même si chaque lieu avait été détruit ; pour cette raison, une substance spirituelle ne semble pas avoir, quant à son essence, de rapport au lieu corporel et n'est donc pas dans un lieu par son essence, mais seulement par son opération. Et puisqu'elle n'est dans un lieu que par une opération, elle ne se meut d'un lieu vers un autre lieu que du fait que tantôt elle agit dans un lieu, tantôt dans un autre.

1. Boèce, *De hebdomadibus*, éd. H.F. Stewart, E.K. Rand, S.J. Tester, *The Theological Tractates*, Cambridge- London 1978, p. 40, l. 25-26.
2. Jean Damascène, *La foi orthodoxe*, § 13 (I, 13), vol. I, p. 211.

Sed ista positio, licet aliquando fuerit opinio, tamen modo non debet pro opinione haberi, quoniam ab antiquo excommunicata fuit a domino Gulielmo episcopo Parisiensi de consilio Magistrorum tunc exsistentium Parisius ; licet non sub ista forma. Excommunicata est nihilominus recenter a domino episcopo Parisiensi, qui nunc est, de | communi consensu omnium Magistrorum, tam de exsistentia in loco quam de motu tam substantiarum separatarum quam etiam specialiter animae separatae, in diversis articulis. Et non sine causa et ratione.

Primo, quoniam videtur esse contra Sacram Scripturam. Dicit enim Salvator, Matth. 18, 10 : *Angeli eorum in caelis semper vident faciem Patris qui in caelis est*; et Matth. 22, 30 : *Erunt sicut angeli Dei in caelis*. Et Strabus, super Gen. 1, in principio : *Creavit Deus caelum et terram*, caelum, inquit, statim cum factum est, sanctis angelis est repletum. Et Boethius, *De fundamentis christianae fidei* : « Caelesti habitatione dignas naturas condidit », hoc est

Or, bien qu'un temps cette opinion ait été soutenue, à présent elle ne doit plus être considérée comme une position défendable, car à la suite de la délibération des maîtres alors présents à Paris, elle a été depuis longtemps excommuniée par Guillaume, évêque de Paris, bien que ce ne fût pas sous cette forme[1]. Toutefois, elle a été excommuniée récemment dans plusieurs articles par l'évêque de Paris[2] – qui l'est encore maintenant –, | à la 27 suite de l'avis partagé par tous les maîtres, aussi bien au sujet de l'existence dans un lieu qu'au sujet du mouvement des substances séparées et de l'âme séparée – et ce non sans cause ni raison.

Premièrement, car cela semble aller à l'encontre de la Sainte Écriture. Le Sauveur dit en effet dans l'Évangile de Matthieu 18, 10 : « leurs anges dans les cieux voient toujours le visage du Père qui est dans les cieux »[3] ; et, dans le même Évangile, 22, 30 : « ils seront comme les anges de Dieu dans les cieux »[4]. Strabon aussi, au début de son commentaire du Ier chapitre de la *Genèse* : « *Dieu créa le ciel et la terre* : le ciel – dit-il –, aussitôt qu'il a été créé, a été rempli d'anges saints »[5]. Boèce également, dans le traité *Sur les fondements de la foi chrétienne* <écrit> : « <Dieu> a pourvu d'une habitation céleste les natures dignes »[6], c'est-à-dire

1. Il s'agit de la censure promulguée par Guillaume d'Auvergne en 1241 : cf. *Chartularium Universitatis Parisiensis*, art. 6, éd. H. Denifle, E. Chatelain, Paris 1889, t. I, p. 171.

2. Cf. *Chartularium Universitatis Parisiensis*, art. 204, 218, 219, éd. cit., t. I, p. 554-555 ; R. Hissette, *Enquête*, p. 104-110 ; D. Piché, *La condamnation*, p. 140, 144, 146.

3. *Évangile de Matthieu*, 18, 10.

4. *Évangile de Matthieu*, 22, 30.

5. Strabon, *Glossa ordinaria in Genesim* 1,1 (PL 113, col. 68 C).

6. Boèce, *De fide catholica*, éd. H.F. Stewart, E.K. Rand, S.J. Tester, *The Theological Tractates*, Cambridge-London 1978, p. 56, l. 63-65.

spirituales; animas nihilominus constat separatas sanctorum esse in caelo empyreo sicut angeli. Hoc autem non potest intelligi tantum per operationem. Quaero enim : quam operationem habent angeli vel animae in caelo? Non potest dici nisi opus contemplationis divinae, si opus dici debet. Certum est autem quod operatio illa non magis concernit locum quam esse. Igitur, si est in caelo secundum operationem talem quae a loco non dependet nec locum corporalem concernit, ita est in loco secundum essentiam suam. – Praeterea, certum est quod prius est esse quam operari; ergo prius est esse in loco quam operari in loco. Et Damascenus hoc dicit quod ubi est, ibi et operatur. – Praeterea, si est in loco per operationem quia operatur in loco, saltem prius oportet virtutem applicari ad locum quam in loco operetur. Constat autem quod ita est simplex eius virtus sicut eius essentia; ergo si applicatur loco virtus, applicari potest pari modo essentia. – Rursus, constat quia angeli homines custodiunt, qui sunt in loco. Posito autem quod nihil operetur circa locum, sed circa hominem custoditum, nec sit intra hominem, ergo circumscripta operatione in loco, essentia angeli est in loco.

Et ideo dicendum sine praeiudicio quod substantiae spirituales separatae sunt in loco non tantum ratione operationis, sed quia ipsae substantiae per se sunt in loco. Ad cuius declarationem quatuor possunt esse rationes, quae unam rationem complent.

spirituelles. Or, c'est un fait établi que les âmes séparées des saints sont dans le ciel empyrée comme les anges – mais cela ne peut pas être compris seulement dans le sens d'une opération. Je demande en effet quelle opération accomplissent les anges ou les âmes dans le ciel : ce ne peut être que l'œuvre de la contemplation divine, si tant est qu'il faille appeler cela une œuvre. Or il est certain que cette opération-là ne concerne pas davantage le lieu que l'être ; par conséquent, si <une nature spirituelle> est dans le ciel selon une opération qui ne dépend pas du lieu ni ne concerne un lieu corporel, elle est alors dans le lieu selon son essence. – En outre, il est certain que l'être est antérieur à l'agir ; le fait d'être dans un lieu est donc antérieur au fait d'agir dans un lieu. Et Damascène dit que l'âme opère là où elle se trouve. – De plus, si elle est dans un lieu par une opération parce qu'elle opère dans ce lieu, il faut du moins que sa puissance s'applique au lieu avant d'opérer en lui ; or c'est un fait établi que sa puissance est simple comme son essence ; par conséquent, si sa puissance s'applique à un lieu, l'essence le peut de la même façon. – En outre, cela résulte du fait que les anges protègent les hommes, lesquels se trouvent dans un lieu. Si l'on considère toutefois que l'ange n'agit pas par rapport au lieu, mais par rapport à l'homme qu'il protège, et qu'il n'est pas à l'intérieur de l'homme, il s'ensuit, une fois écartée l'opération dans un lieu, que l'essence de l'ange se trouve dans un lieu.

C'est pourquoi il convient de dire sans préjugé que les substances spirituelles séparées sont dans un lieu non seulement en raison d'une opération, mais aussi parce qu'elles sont par elles-mêmes dans un lieu. Pour le montrer, on peut avancer quatre arguments qui parachèvent le même raisonnement.

28 | Prima sumitur ex universi connexione et ordinatione. Constat enim quod substantiae spirituales sunt de mundo et de universo ; ergo non sunt extra mundum : solus enim Creator mundi sic est intra quod est extra. Omnia autem quae sunt de mundo et in mundo, clauduntur intra unam circumferentiam unius caeli ultimi, omnia continentis et ambientis quae de mundo sunt, ita quod extra illud nihil est creatum. Ergo si substantiae spirituales sunt de mundo nec sunt extra mundum, ipsa mundi connexio exigit ut sint intra caelum illud quod claudit omnia. Et hoc dicit Ioannes Damascenus, libro II, cap. 6 : « Caelum est continentia visibilium et invisibilium creaturarum ; intra ipsum enim et intellectuales angelorum virtutes et omnia sensibilia clauduntur et circumterminantur ».

Secunda ratio sumitur ex ipsarum substantiarum limitatione. Constat enim substantias spirituales creatas limitatas esse et secundum virtutem et secundum essentiam. Igitur si intra mundum sunt, intra circumferentiam illius caeli omnia continentis, cum non possint esse ubique, quia limitati [*sic !*] sunt, et hoc est proprium solius Dei, necesse est eas esse in aliquo 'ubi' determinato.

Tertia ratio sumitur ex divina providentia. Cum enim universi connexio exigat [omnes naturas] intra caelum vel intra mundum esse, [et] earum limitatio exigat alicubi seu in aliquo loco determinato esse, divina providentia

| Le premier argument relève de la connexion et de **28** l'ordonnancement de l'univers. En effet, il est établi que les substances spirituelles appartiennent au monde et à l'univers ; elles ne sont donc pas à l'extérieur du monde, car seul le Créateur du monde est aussi bien à l'intérieur qu'à l'extérieur. En réalité, toutes les choses qui appartiennent au monde et se trouvent dans le monde sont comprises dans la circonférence de la sphère du ciel le plus éloigné, qui contient et entoure tout ce qui fait partie du monde, si bien qu'à l'extérieur de lui rien n'a été créé. Par conséquent, si les substances spirituelles appartiennent au monde et ne sont pas hors du monde, la structure même du monde requiert qu'elles soient à l'intérieur du ciel qui enferme tout. C'est ce qu'affirme Jean Damascène au IIe livre, chapitre 6 : « Le ciel est l'enveloppe des créatures visibles et invisibles ; en effet, les puissances intellectuelles des anges et toutes les choses sensibles y sont enfermées et circonscrites »[1].

Le deuxième argument tient à la nature limitée de ces substances. Il est en effet établi que les substances spirituelles créées sont limitées selon leur puissance et selon leur essence. Par conséquent, si elles sont à l'intérieur du monde, c'est-à-dire à l'intérieur de la circonférence du ciel qui contient tout, et qu'elles ne peuvent être partout parce qu'elles sont limitées et qu'être partout est le propre de Dieu seul, il est nécessaire qu'elles soient dans un lieu déterminé.

Le troisième argument est tiré de la providence divine. En effet, puisque l'ordre de l'univers requiert que toutes les natures créées soient à l'intérieur du ciel ou du monde et que leur limitation demande qu'elles soient quelque part ou dans un lieu déterminé, la providence divine a fixé

---

1. Jean Damascène, *La foi orthodoxe*, § 20 (II, 6), vol. I, p. 239.

loca secundum naturarum exigentiam determinavit. Nam secundum naturam suam et secundum naturae perfectionem locum illis substantiis deputavit, caelum scilicet empyreum, quod est locus et naturalis conditionis et beatitudinis.

Quarta ratio sumitur ex divina iustitia, quae secundum meritorum exigentiam loca distinxit : caelum ad gloriam, infernum vel purgatorium ad poenam ; istum etiam locum medium vel ad nostrum exercitium vel ad nostrum auxilium et ministerium. Unde secundum omnem considerationem, secundum omnem statum et conditionem necessarium videtur debere poni eos in loco secundum essentiam, non tantum secundum operationem. Et quia in loco sunt, nec possunt esse simul in pluribus locis, si contingat eos esse in diversis locis, necesse est eos de loco ad locum moveri. Et hoc dicit Ioannes Damascenus, II | libro, cap. 3, quod « cum sunt in caelo, non sunt in terra ; et cum ad terras de caelo descendunt, non remanent in caelo ».

Ad hoc est ratio : prima ex parte suae exsistentiae in loco. Cum enim substantia spiritualis sit in loco hoc, in quo prius non fuit, non potest intelligi nisi quatuor modis, scilicet vel per creationem vel per factionem vel per transsubstantiationem vel per loci mutationem. Primi tres modi sunt impossibiles ; ergo quartus necessarius est. Cum ergo substantia spiritualis sit ubi prius non fuit, necesse est eam secundum locum mutatam esse, et hoc vel cum angeli sunt in terra, qui prius fuerunt in caelo, vel cum animae separatae sunt in caelo vel in inferno, quae prius erant in mundo.

les lieux selon le besoin de chaque nature. Aussi, elle a assigné à ces substances un lieu en fonction de leur nature et de la perfection de leur nature, à savoir le ciel empyrée, qui est le lieu de leur condition naturelle et de leur béatitude.

Le quatrième argument est tiré de la justice divine, qui a distingué les lieux en fonction des mérites : le ciel pour la gloire, l'enfer ou le purgatoire pour la pénitence, et ce lieu médian <ici-bas> pour nous mettre à l'épreuve ou pour notre aide et notre gouvernement. C'est pourquoi il semble nécessaire à tout point de vue, selon tout état et toute condition, que les anges soient situés dans un lieu selon leur essence, et non seulement selon leur opération. Et puisqu'ils sont dans un lieu et qu'ils ne peuvent être dans plusieurs lieux à la fois, s'il arrive qu'ils soient dans des lieux différents, il est nécessaire qu'ils se meuvent d'un lieu à un autre. C'est ce que dit Jean Damascène, dans le IIᵉ livre, | au chapitre 3 : « lorsqu'ils sont dans le **29** ciel, ils ne sont pas sur terre ; et lorsqu'ils descendent du ciel sur la terre, ils ne demeurent pas dans le ciel »[1].

Il y a d'autres raisons à cela. La première relève de l'existence de l'ange dans le lieu ; en effet, lorsqu'une substance spirituelle est dans un lieu déterminé, dans lequel elle n'était pas auparavant, cela ne peut être compris que de quatre manières : par création, par production, par un changement de la substance ou par un changement de lieu. Les trois premiers modes sont impossibles ; le quatrième est donc nécessaire. Par conséquent, lorsqu'une substance spirituelle est là où elle n'était pas auparavant, il est nécessaire qu'elle ait changé selon le lieu – et ceci, soit lorsque les anges, qui étaient auparavant dans le ciel, sont sur la terre, soit lorsque les âmes séparées, qui étaient auparavant dans le monde, sont au ciel ou en enfer.

1. Jean Damascène, *La foi orthodoxe*, § 17 (II, 3), vol. I, p. 229.

Secunda ex parte suae potentiae. Quamvis enim motus localis attestetur aliquo modo imperfectioni, quia non convenit nisi naturae limitatae et finitae, – quia natura infinita et immensa, quoniam ubique est, de loco ad locum mutari non potest, – tamen in natura sic limitata attestatur perfectioni ; et magnae videtur esse potentiae et magnae libertatis quod non ita arctetur ad unum locum quin possit ad alium locum se transferre. Unde videtur multum derogare potentiae et virtuti substantiae spiritualis non posse se movere de loco ad locum, nisi operari velit in loco, aut nisi in corpore assumpto. Et propterea sicut in loco sunt, ita de loco ad locum moventur, et hoc non est imperfectionis, sed perfectionis.

His visis duo restant consideranda quae faciunt difficultatem in quaestione. Primum est, quomodo substantiae spirituales omnino simplices, impartibiles et indivisibiles sint in locis corporeis quantis et extensis. Secundum est : quae est ratio exsistendi in loco ? Quoniam non operatio est tantum, secundum Magistros, nec essentia, quia, secundum eosdem, essentia non est ratio essendi in loco.

La seconde raison relève de la puissance de l'ange. Même si le mouvement local atteste en quelque façon d'une imperfection, puisqu'il ne convient qu'à une nature limitée et finie – en effet, la nature infinie et immense est partout et ne peut pas changer de lieu –, dans la nature ainsi limitée, il atteste cependant d'une perfection ; aussi, ce qui n'est pas confiné dans un seul lieu au point de ne pouvoir se déplacer vers un autre lieu semble pourvu d'une grande puissance et d'une grande liberté. Pour cette raison, qu'une substance spirituelle ne puisse se mouvoir d'un lieu vers un autre que si elle veut opérer dans un lieu, ou si elle a assumé un corps, semble réduire fortement sa puissance et sa force. Par conséquent, de même que les substances spirituelles sont dans un lieu, de même se meuvent-elles d'un lieu vers un autre, ce qui ne relève pas d'une imperfection, mais d'une perfection.

\<Deux difficultés\>

Après ces considérations, il reste à examiner deux points qui posent problème à ce sujet. Le premier consiste à savoir de quelle manière les substances spirituelles, qui sont parfaitement simples, indivisibles et ne peuvent être divisées en parties, sont dans des lieux corporels quantifiés et étendus. Le deuxième consiste à savoir quel est le fondement de leur existence dans un lieu, puisqu'il ne s'agit pas seulement d'une opération, d'après les conclusions des maîtres[1], ni non plus de l'essence car, selon eux, l'essence n'est pas la raison d'être en un lieu.

---

1. Cf. *supra*, p. 113.

Circa declarationem modi intelligendum est quod substantiae spirituales non sunt in loco corporali per dependentiam, ut enim loco conserventur aut a corporibus locantibus aliquam recipiant influentiam, quia ut praedictum est, omni loco circumscripto, | adhuc essent et manerent substantiae spirituales; nec omnino proprie per continentiam, ut quasi claudantur et terminentur ne effluant sicut aquae in vase; nec per circumscriptionem sive commensurationem, sicut corpora, quia nullam habent in locis extensionem, ita quod totum in toto et pars in parte, sed sunt in loco per quamdam suae praesentiae communicationem vel suae substantiae praesentationem et exsistentiae praesentialis definitionem, ita quod, quamvis non exsistente loco substantiae spirituales essent, tamen supposita loci exsistentia et ordine et connexione partium mundi ad invicem, fortassis substantia spiritualis non potest non exhibere praesentiam suam loco corporali, in quo tamen, quia simplex est, ita est in toto quod totum in qualibet parte. Sed quia limitatae est exsistentiae, habet certum limitem et mensuram in quanto loco potest se facere et quanto loco suam praesentiam exhibere. Quis autem sit ille terminus, puto solum Deum scire, qui novit

Pour voir clairement de quel mode <de localisation> il s'agit, il faut comprendre que les substances spirituelles ne sont pas dans un lieu corporel par mode de dépendance, de sorte à être conservées par le lieu ou à recevoir quelque influence de la part des corps qui les localisent ; en effet, comme il a été dit [1], | si l'on faisait abstraction de tous les **30** lieux, elles seraient encore et demeureraient des substances spirituelles. À proprement parler, elles ne sont pas non plus localisées par mode de contenance, de manière à être presque enfermées et délimitées pour ne pas s'écouler comme de l'eau dans un vase. Par ailleurs, elles ne sont pas non plus localisées par mode de circonscription ou de commensurabilité à la manière des corps – de sorte que le tout soit dans le tout et la partie dans la partie –, car les substances spirituelles n'ont aucune étendue dans les lieux. Aussi, elles sont dans un lieu par une certaine communication de leur présence, par une présentation de leur substance ou par la délimitation de leur existence <en tant que> présente. De la sorte, les substances spirituelles existeraient même si le lieu n'existait pas ; toutefois, dès lors qu'un lieu existe et étant donné l'ordre et la connexion des parties du monde, la substance spirituelle ne peut pas ne pas manifester sa présence au lieu corporel. En raison de sa simplicité, elle est cependant dans le tout de sorte à être tout entière dans chaque partie. Mais puisque son existence est limitée, elle a une limite précise et une mesure qui déterminent la quantité d'espace dans lequel elle peut se situer et auquel elle peut manifester sa présence. Et je pense que Dieu seul connaît cette limite, lui qui connaît

---

1. Cf. *supra*, p. 111.

mensuras et modos omnium naturarum et omnibus naturis proprios limites praefixit. – Modus autem quo substantia spiritualis, simplex exsistens, possit esse in loco quanto est iste : simplicitas in spiritualibus non est intelligenda per modum parvitatis, sicut imaginamur atomos vel puncta sive parva corpuscula, sed simplicitatem intelligimus unitatem quamdam potestativam. Quemadmodum igitur Deus, quia est omnino simplex, ideo immensus, nullo modo arctatus ac per hoc ubique totus ; corpora, quia composita, ideo omnino arctata, ita quod nullum corpus potest esse totum in aliquo loco et in omnibus partibus, sed necesse est quod secundum plures sui partes sit in pluribus partibus loci ; ergo quia substantia spiritualis excedit corpora in simplicitate et deficit a simplicitate divina, recedit ab arctatione corporali et deficit nihilominus ab immensitate divina, et ideo propter simplicitatem non limitatur nec arctatur ad unam partem loci vel ad punctum, nec extenditur sicut corpus per spatium loci, sed in toto loco tota est et tota in qualibet parte ; non tamen ubique, sed definitur et determinatur loco, ita quod, dum est hic praesens in loco, in quanto se potest facere secundum potestatem suam, alibi esse non potest. Et hoc modo sunt substantiae spirituales in loco per modum quo est anima in corpore, ita quod tota in toto et tota in qualibet parte.

les mesures et les modes de toutes les natures <créées> et qui a préétabli les limites propres à toutes les natures. – Or la manière dont une substance spirituelle, en tant que simple, peut être dans un lieu quantifié, est la suivante : la simplicité dans les choses spirituelles n'est pas à comprendre dans le sens de la petitesse, comme nous imaginons des atomes, des points ou de petits corpuscules ; au contraire, nous comprenons cette simplicité comme une unité qui confère un pouvoir. Par conséquent, du fait qu'il est absolument simple, et donc immense, et qu'il n'est d'aucune manière délimité, Dieu est présent tout entier partout ; en revanche, en tant que composés, les corps sont entièrement délimités, si bien qu'aucun corps ne peut être tout entier dans un certain lieu et dans toutes ses parties : il faut en effet que selon ses parties multiples il soit dans les parties multiples du lieu. Aussi, puisqu'une substance spirituelle surpasse les corps en simplicité mais reste inférieure par rapport à la simplicité divine, elle est affranchie de la limitation corporelle tout en demeurant inférieure à l'immensité de Dieu ; en vertu de sa simplicité, elle n'est alors ni limitée ni confinée à une partie du lieu ou à un point, pas plus qu'elle n'est étendue, à la manière d'un corps, dans l'espace d'un lieu, mais elle est tout entière dans le lieu tout entier et dans chacune de ses parties. Elle n'est pourtant pas partout, mais est délimitée et déterminée par le lieu, de sorte qu'aussi longtemps qu'elle se trouve ici dans un lieu – dans lequel elle peut se rendre selon son pouvoir –, elle ne peut pas être ailleurs. De cette façon, les substances spirituelles sont dans un lieu à la manière dont l'âme est dans le corps, à savoir tout entière dans tout le corps et tout entière dans chacune de ses parties.

31 | Circa declarationem autem rationis exsistentiae in loco intelligendum est quod operatio tantum non est ratio essendi in loco, sicut dicunt Magistri. Sunt enim in caelo empyreo, ut praedictum est, in quo tamen nullam habent operationem, qua mediante possit applicari loco, cum nec locum concernat sicut nec essentia, secundum opinionem illorum. Nec essentia, sicut dictum est, est ratio applicandi vel exsistendi in loco, nam essentia de ratione sui a loco non dependet. Non tantum in substantiis spiritualibus, sed nec in corporalibus essentia est ratio exsistendi in loco, nam essentia locum non concernit, immo ab omni loco abstrahit. Quae est ergo ratio? Dico quod alia est ratio applicationis substantiae spiritualis ad locum et alia ratio determinationis et definitionis in loco. Ratio enim applicationis qua substantia spiritualis, licet a loco non dependeat, loco tamen se praesentem exhibet, est ordo et habitudo et connexio mundi et partium eius. Quia enim substantia spiritualis est pars mundi, ut dictum est; partes autem mundi sicut habent ad invicem distinctionem, ita habent connexionem secundum praesentialitatem, propinquitatem et distantiam, ideo substantiae spirituales

| Pour voir plus clairement quel est le fondement de **31** l'existence dans un lieu, il faut savoir, comme le soutiennent certains maîtres [1], que l'opération seule n'est pas la raison d'être dans un lieu. Les substances spirituelles sont en effet dans le ciel empyrée, comme il a été dit [2], dans lequel elles n'exercent toutefois aucune opération par laquelle elles pourraient s'appliquer à un lieu, car leur opération ne concerne <là> ni le lieu ni l'essence, selon l'opinion de ces maîtres. Or, comme il a été dit [3], l'essence n'est pas non plus le fondement de l'application ou de l'existence dans un lieu, car, selon sa propre raison, l'essence ne dépend pas du lieu. L'essence n'est pas la raison de l'existence en un lieu, ni dans les substances spirituelles ni dans les substances corporelles ; en effet, l'essence ne concerne pas le lieu, mais fait au contraire abstraction de tout lieu. Quelle en est donc la raison ? Je dis que la raison de l'application de la substance spirituelle au lieu est une chose, et une autre la raison de la détermination et de la délimitation dans le lieu. La raison de l'application par laquelle la substance spirituelle, même si elle ne dépend pas du lieu, manifeste cependant sa présence au lieu, réside dans l'ordre, la disposition et la connexion du monde et de ses parties. Et puisque la substance spirituelle est une partie du monde – comme il a été dit [4] – et que les parties du monde se distinguent entre elles, tout en étant reliées les unes aux autres selon leur présence, leur proximité et leur distance, les substances spirituelles sont présentes

---

1. Par exemple Bonaventure, *In II Sententiarum*, d. II, p. II, a. II, q. II, éd. cit., p. 75-77 ; Henri de Gand, *Quodlibet* II, q. 9, éd. cit., p. 65 et *supra*, p. 69-75.

2. Cf. *supra*, p. 113.

3. Cf. *supra*, p. 119.

4. Cf. *supra*, p. 115-117.

corporibus et locis corporalibus mundi sunt praesentes
secundum dispositionem divinae providentiae omnia
connectentis et ordinantis. Ratio autem determinationis et
definitionis est propria limitatio, mensura et modus
cuiuslibet naturae creatae. Et quia substantia spiritualis
natura creata est, habet mensuram et modum et certum
limitem sicut potentiae et virtutis, ita et exsistentiae, et
propterea sic est loco praesens quod ad locum aliquem
determinatur et definitur.

Si quaeras quid est ista limitatio, mensura vel modus,
dico quod non est ipsa essentia. Nulla enim essentia est
suus modus vel sua mensura, sed consequitur essentiam,
prout est sub esse actuali; et fortassis est ipsum esse sic
modificatum, sic mensuratum et limitatum. Ista autem
limitatio, ista exsistentiae mensura et modus est ratio qua
substantia spiritualis determinatur ad locum, ita quod sic
est hic quod non ibi, ita in uno loco quod | non ubique vel
in pluribus. Et hoc dicit Anselmus, *Proslogion*, cap. 13,
distinguens quod aliquid est omnino et simpliciter
incircumscriptum, ut Deus, qui cum ubique sit, totus tamen
est ubique; simpliciter autem circumscriptum, ut corpus,
quod cum alicubi totum sit, non potest simul alibi totum
esse; incircumscriptum vero pariter et circumscriptum,

aux corps et aux lieux corporels du monde selon la disposition de la providence divine qui relie et ordonne toutes choses. Or le fondement de la détermination et de la délimitation <dans un lieu> est la limite propre, la mesure et le mode de toute nature créée. Et puisque la substance spirituelle est une nature créée, elle a une mesure, un mode et une limite précise de sa puissance et de sa force, de même que de son existence ; de ce fait, elle est présente au lieu de manière à être déterminée et délimitée par rapport à un lieu.

Si tu cherches à savoir ce qu'est cette limite, cette mesure ou ce mode, je dis que ce n'est pas l'essence même. En effet, aucune essence n'est son propre mode ou sa propre mesure car, au contraire, cette dernière est consécutive à l'essence en tant qu'elle se trouve sous son être actuel ; il se peut <donc> que ce soit l'être même ainsi modifié, mesuré et délimité. Or cette limite, cette mesure et ce mode d'existence constituent le fondement en vertu duquel la substance spirituelle est déterminée par rapport au lieu, de sorte qu'en étant ici elle n'est pas là, et qu'en étant dans un lieu elle | n'est ni partout ni dans plusieurs. C'est ce **32** qu'affirme Anselme, au chapitre 13 du *Proslogion*[1], en distinguant ce qui est entièrement et absolument incirconscrit – comme l'est Dieu qui, en étant partout, est cependant tout entier partout – de ce qui est simplement circonscrit – à la manière du corps qui, lorsqu'il est tout entier quelque part, ne peut pas être en même temps tout entier ailleurs – et de ce qui est à la fois incirconscrit et circonscrit –

---

1. *Cf.* Anselme de Cantorbéry, *Proslogion*, trad. A. Koyré, Paris 1982, p. 31.

sicut creatus spiritus, qui cum alicubi sit totus, potest tamen simul esse alibi, sed non ubique ; et intelligit alibi, hoc est in pluribus partibus loci. Hoc idem dicit Hugo, I libro *De sacramentis*, parte 3, cap. 18 : « Fatemur, inquit, creatum spiritum non solum in loco esse, sed localem sine dubio pronuntiamus. In loco quidem, quia hic alicubi praesens cernitur ; localem vero, quoniam cum sit alicubi, non ubique invenitur. Omne enim quod definitum est, secundum aliquid locale est, quoniam in eo ipso quod finem et terminum habet, locum habet et determinatum locum, sicut determinatur in loco. Sed corpus quod divisionem habet, loco circumscribitur, quoniam ei secundum locum principium, medium et finis assignatur. Spiritus vero, quoniam dimensionem non capit, sed definitione sola determinatur, circumscriptionem quidem loci non recipit et tamen loco quodammodo concluditur, quoniam, cum hic alicubi praesens sit, totus alibi non invenitur. Itaque corpus locale est, quoniam loco circumscribitur ; spiritus vero, quoniam [in loco] per praesentiam naturae concluditur, localis et ipse iure nominatur ; spiritus autem increatus, quoniam in omni loco praesens est, nec tamen ullo loco concludi aut circumscribi potest, veraciter in omni loco dicitur esse, nec tamen localis aliqua ratione appellatur ».

comme l'esprit créé qui, lorsqu'il est tout entier quelque part, peut être en même temps ailleurs, mais sans être partout ; Anselme comprend par "ailleurs" le fait d'être dans plusieurs parties d'un lieu. Hugues dit la même chose dans le Ier livre du traité *Sur les sacrements*, au chapitre 18 de la troisième partie : « Non seulement, dit-il, nous concédons que l'esprit créé est dans un lieu, mais nous disons qu'il est sans aucun doute local. Il est certainement dans un lieu, puisqu'il est reconnu présent quelque part ; et il est local car, étant quelque part, il ne se trouve pas partout. En effet, tout ce qui est délimité est local selon quelque chose, car du fait même qu'il a une limite et un terme, il a un lieu, et un lieu déterminé, de même qu'il est déterminé dans un lieu. Or, en tant que divisible, le corps est circonscrit dans un lieu, car on lui assigne un début, un milieu et une fin en fonction du lieu. En revanche, étant donné qu'il ne possède pas de dimension, mais est déterminé par la seule délimitation, l'esprit n'est en aucun cas circonscrit en un lieu, mais est néanmoins d'une certaine manière contenu dans un lieu ; en effet, lorsqu'il est présent quelque part, il ne se trouve pas tout entier ailleurs. Par conséquent, le corps est local, car il est circonscrit par un lieu, alors que l'esprit est dit local de droit, étant contenu en un lieu par la présence de sa nature ; en revanche, l'esprit incréé, qui est présent en chaque lieu et ne peut être enfermé ou circonscrit dans un lieu, est dit avec véracité être en chaque lieu sans être appelé local pour quelque raison que ce soit » [1].

1. Hugues de Saint-Victor, *De sacramentis christianae fidei*, l. I, p. III, c. 18, éd. cit., p. 83 (PL 176, col. 224).

Quemadmodum autem spiritualis substantia non est in loco per circumscriptionem et commensurationem, sed per quamdam, ut ita dicamus, praesentialem definitionem, ita nec movetur de loco ad locum per sui commensurationem vel circumscriptionem in partibus spatii, sed per suam praesentialitatem determinatam et definitam. Et quia successive facit se praesentem partibus spatii, ita tamen quod in tota parte, in qua se facit, totus est, ideo motus eius non solum successionem habet, sed continuationem.

33 | *[Solutio obiectorum]*

His visis patet responsio ad obiecta. Omnes enim auctoritates sanctorum, quae videntur contrariae, intelliguntur de exsistentia in loco secundum leges corporalium locatorum, ut per dependentiam, per continentiam, per circumscriptionem, configurationem et commensurationem, eo quod iste modus notus est et vulgaris; sicut Deus dicitur invisibilis, quia non videtur oculo carnali, quamvis oculo spirituali a mundis corde videatur, ut dicit Augustinus.

1. Ad primum in contrarium dicendum quod in naturis corporalibus non potest inveniri movens et motum, eo quod sunt alligatae materiae corporali; unde nullum corpus movet semetipsum, secundum Philosophum

Aussi, de même que la substance spirituelle n'est pas dans un lieu par mode de circonscription et de commensurabilité, mais, pour ainsi dire, par une certaine délimitation de sa présence, de même elle ne se meut pas non plus d'un lieu vers un autre en raison de sa commensurabilité ou de sa circonscription dans les parties de l'espace, mais du fait qu'elle y est présente de manière déterminée et délimitée. Et puisqu'elle se rend présente aux parties de l'espace de manière successive, mais de sorte à occuper tout entière toute la partie dans laquelle elle se rend présente, il s'ensuit que son mouvement n'est pas seulement successif, mais aussi continu.

| *Réponses aux objections*   33

Compte tenu de ce qui a été dit, la réponse aux objections est claire. En effet, tous les arguments d'autorités [des saints] qui semblent contraires sont pris par rapport à l'existence dans le lieu selon les lois de la localisation des corps, c'est-à-dire par dépendance, contenance, circonscription, configuration et commensurabilité, du fait que ce mode est connu et répandu. C'est ainsi que Dieu est dit invisible, car il n'est pas vu par l'œil charnel, même s'il est vu par l'œil spirituel de ceux qui ont le cœur pur, comme le dit Augustin [1].

1. À la première objection il faut répondre, en sens contraire, que dans les natures corporelles on ne trouve pas <simultanément> de moteur et de mû, car ces natures sont attachées à la matière corporelle ; pour cette raison, aucun corps ne se déplace lui-même, selon le Philosophe [2]

---

1. *Cf.* entre autres *Enarrationes In Psalmos 113*, sermo 2, § 1 (BA 66, p. 308-311).

2. *Cf.* Aristote, *Physique*, VIII, 4, 255a5-7.

et Augustinum. Sed in naturis et substantiis spiritualibus, eo quod sunt a materia corporali absolutae, sunt reflexivae sui supra se, potest inveniri in eis movens et motum, non tamen secundum eamdem rationem nec secundum eumdem modum, et ideo sine contradictione et contrarietate. Certum est enim quod, eo quod limitatae sunt, sunt in potentia ad 'ubi', et in tantum habent rationem mobilis sive moti. Certum est ulterius quod in eis est potestas ad movendum se. Nam, ut dicit Anselmus, *De concordia gratiae cum libero arbitrio*, voluntas est instrumentum se ipsum movens. Ergo eadem substantia est mobilis vel mota formaliter in quantum est in potentia ad motum; eadem etiam est et movens effective, in quantum habet vim et potestatem movendi se, sicut eadem se habet in ratione agentis et patientis, eadem se habet in ratione apprehensi et apprehendentis.

2. Ad secundum patet responsio. Propositio enim Philosophi intelligenda est sic quod omne quod movetur, ab alio movetur vel secundum rem vel secundum rationem. 34 Movetur | igitur a se ipsa substantia separata aliter se habente et ut quodam modo a semetipsa secundum istam rationem differente.

et Augustin [1]. En revanche, du fait qu'elles sont affranchies de toute matière corporelle et qu'elles sont capables de réflexivité, on peut trouver dans les natures et les substances spirituelles un moteur et un mû, mais non selon la même raison ni selon la même modalité, et par conséquent sans contradiction ni contrariété. Il est en effet certain qu'en tant qu'elles sont limitées, elles sont en puissance relativement à un lieu et possèdent, comme telles, la raison de mobile ou de mû. De plus, il est certain qu'il y a en elles la capacité de se mouvoir car, comme le dit Anselme dans son traité sur *L'accord de la grâce avec le libre arbitre* [2], la volonté est un instrument qui se meut lui-même. Par conséquent, la même substance est mobile ou mue formellement en tant qu'elle est en puissance par rapport au mouvement, mais elle est aussi ce qui meut de manière efficiente en tant qu'elle a la force et le pouvoir de se mouvoir. Et de même qu'une substance spirituelle se comporte en tant qu'agent et patient <à la fois>, de même se comporte-t-elle comme ce qui est appréhendé et ce qui appréhende.

2. La réponse à la deuxième objection est manifeste. Il faut en effet comprendre la proposition du Philosophe ainsi : tout ce qui est mû est mû par un autre, que ce soit réellement ou selon la raison. Ainsi, la substance séparée est mue | par elle-même en ce sens qu'elle se comporte de **34** manière différente et que, d'une certaine façon, elle diffère d'elle-même selon cette raison.

---

1. *Cf.* Augustin, *La Cité de Dieu*, l. V, c. 9, n. 4 (BA 3, p. 309-310) ; *La Genèse au sens littéral*, l. VIII, c. 20, § 39 (BA 49, p. 68-71) ; *ibid.*, l. VIII, c. 25, § 46 (BA 49, p. 78-79).

2. Anselme de Cantorbéry, *L'accord de la prescience, de la prédestination et de la grâce de Dieu avec le libre choix*, l. III, c. 11, dans *Œuvre de Saint Anselme de Cantorbéry*, trad. de M. Corbin et H. Rochais, Paris 1988, vol. 5, p. 233.

3. Ad tertium dicendum quod Augustinus intelligit spiritum non ferri ad loca corporalia sine corpore, id est non localiter per circumscriptionem et commensurationem, sicut corpora. Unde ipse explicat se, in cap. 13, ubi quaerit utrum anima, cum de corpore exit, feratur ad loca corporalia vel corporibus similia vel spiritualia; et respondet dicens quod anima ad loca corporalia aut non fertur sine corpore aut non localiter fertur.

4. Ad quartum dicendum quod illud non est argumentum Hugonis, sed recitat argumentum aliorum, nec illud approbat, immo dicit quod sic arguunt et ratiocinantur curiosi, qui plus sapiunt quam oportet. Argumentum autem nihil valet. Quamvis enim anima a corpore separata non sit in corpore suo a quo separata est, est tamen in alio corpore, non perficiendo, sed praesentialiter exsistendo; et ideo est in loco, quia locus est in corpore, et inter ipsam et locum ad quem ferri debet, spatium medium est per quod movetur. Unde quando vadit in paradisum vel in infernum vel in purgatorium, transit per spatium intermedium.

5. Ad quintum iam patet responsio, quoniam, quamvis anima separata secundum essentiam suam a loco non dependeat, et nullo loco exsistente exsisteret, tamen,

3. À la troisième objection il faut répondre qu'Augustin entend par là[3] que l'esprit ne se porte pas vers des lieux corporels sans un corps, c'est-à-dire qu'il ne se meut pas localement par circonscription et commensurabilité à la manière des corps. Il s'explique à ce sujet au chapitre 13[4], là où il cherche à savoir si l'âme, lorsqu'elle sort du corps, se meut vers des lieux corporels, ou semblables aux corps, ou vers des lieux spirituels ; et il répond en disant que l'âme ne se meut pas vers des lieux corporels sans le corps ou ne se meut pas localement.

4. À la quatrième objection il faut répondre qu'il ne s'agit pas de l'argument de Hugues lui-même[5], mais qu'il rapporte l'argument d'autres sans l'approuver ; il dit au contraire que c'est ainsi qu'argumentent et ratiocinent les curieux qui en savent plus que nécessaire. Or cet argument-là ne vaut rien. En effet, même si l'âme séparée du corps n'est pas dans le corps dont elle est séparée, elle est cependant dans un autre corps, non en le perfectionnant, mais en s'y tenant par sa présence ; elle est donc dans un lieu, parce que le lieu est dans un corps et qu'entre elle-même et le lieu vers lequel elle doit se mouvoir il y a un espace intermédiaire à travers lequel elle se meut. Pour cette raison, lorsqu'elle va au paradis, en enfer ou au purgatoire, elle passe par un espace intermédiaire.

5. À la cinquième objection la réponse est déjà claire. En effet, bien que l'âme séparée ne dépende pas selon son essence d'un lieu et qu'elle existerait même

---

3. Augustin, *La Genèse au sens littéral*, l. XII, c. 32, § 60 (BA 49, p. 436-439).

4. Augustin, *La Genèse au sens littéral*, l. XII, c. 13, § 27 (BA 49, p. 370-375).

5. Hugues de Saint-Victor, *De sacramentis christianae fidei*, l. I, p. 3, c. 18, éd. cit., p. 84.

supposito loco et isto ordine universi, secundum divinam dispositionem locus sibi determinatus est, sicut et aliis substantiis separatis, ut dictum est.

6. Ad sextum dicendum quod motus animae super immobili fundatur et ab immobili fluit, sicut et quilibet motus corporalis ; quamvis autem tota moveatur, tamen ut est potentia mobilis, movetur formaliter ; ut autem habet vim motivam sui, eo quod sui super se reflexiva est, cum sit virtus absoluta, movet semetipsam effective et virtualiter. Ut igitur est movens, est immobilis, et mota movetur a semetipsa ut immobili exsistente in quantum movet. – Si urgeas : tota movetur ; non est ergo dare aliquid immobile, dico quod in motibus corporalibus necesse est motum fluere a parte immobili, quia non habent vim reflexivam
35 | sui super se, ac per hoc nec sui motivam, sed motor movet partem motam mediante immota ; in motis autem spiritualibus non oportet, eo quod habent vim liberam et sui super se reflexivam, ac per hoc et sui ipsius motivam, et in quantum movent se non moventur.

si aucun lieu n'existait, une fois admise l'existence du lieu et de cet ordre de l'univers, conformément à la disposition divine un lieu lui est assigné, de même qu'aux autres substances séparées, selon ce qui a été dit[1].

6. À la sixième objection il faut répondre que le mouvement de l'âme est fondé sur quelque chose d'immobile et découle de quelque chose d'immobile, comme chaque mouvement corporel. Cependant, bien qu'elle se meuve tout entière, l'âme est mue formellement en tant qu'elle est une puissance mobile; en revanche, en tant qu'elle possède la capacité de se mouvoir elle-même – du fait qu'elle opère un retour sur soi, puisqu'elle est une puissance libre –, elle se meut elle-même de manière efficiente et virtuellement. Il s'ensuit qu'elle est immobile en tant qu'elle meut, et qu'en tant qu'elle est mue elle est mue par elle-même comme par quelque chose d'immobile qui meut. – Si tu insistes pour dire qu'elle se meut tout entière et qu'il n'y a donc rien d'immobile, je réponds que dans les mouvements corporels il est nécessaire que le mouvement découle d'une partie immobile, car les corps n'ont pas la capacité d'opérer un retour sur eux-mêmes | ni, par **35** conséquent, de se mouvoir; <dans ce cas>, le moteur meut la partie mue au moyen d'une partie qui n'est pas mue. En revanche, dans les mouvements spirituels, cela n'est pas nécessaire, car ces substances ont une puissance libre et réflexive et possèdent ainsi la capacité de se mouvoir elles-mêmes; or en tant qu'elles se meuvent, elles ne sont pas mues.

1. Cf. *supra*, p. 117.

7. Ad septimum argumentum patebit melius responsio in quaestione sequenti. Dico tamen ad praesens quod motus non tantum causatur a resistentia spatii vel victoria virtutis moventis super spatium, sed sunt et aliae causae, id est distantia medii et limitatio virtutis moventis. Unde argumentum procedit ab insufficienti.

8. Ad octavum patet responsio, quoniam anima separata applicatur et determinatur ad locum. Non ad locum indivisibilem, quia nec est locus indivisibilis, – unde locus indivisibilis est oppositio in adiecto –, sed ad divisibilem; tamen non per extensionem aut circumscriptionem seu commensurationem, sed per quamdam praesentiae communicationem seu determinatam praesentationem, ita toto quod cuilibet parti propter sui simplicitatem.

9. Ad nonum potest responderi duobus modis. Primo per interemptionem maioris. Non enim omnes motus voluntarii ad eumdem terminum sunt eiusdem speciei, quoniam nec moventur ad eumdem terminum secundum eamdem rationem. Secundum aliam enim rationem moventur animalia voluntarie ad terminum localem et substantiae separatae; animalia enim moventur ad locum ut in quo continentur et circumscribuntur, sed substantiae

7. La réponse à la septième objection sera plus claire dans la question suivante [1], mais je dis d'ores et déjà que le mouvement n'est pas causé seulement par la résistance de l'espace ou par la suprématie de la force motrice sur l'espace, car il y a d'autres causes encore, à savoir la distance du milieu et la limitation de la puissance motrice. L'argument procède par conséquent d'une prémisse insuffisante.

8. La réponse à la huitième objection est manifeste, car l'âme séparée s'applique à un lieu et est délimitée par rapport à lui. Toutefois, elle ne s'applique pas à un lieu indivisible, car il n'existe pas de lieu indivisible – raison pour laquelle l'expression "lieu indivisible" implique une opposition dans l'apposition –, mais à un lieu divisible : <elle ne s'y rapporte> cependant pas par mode d'extension, de circonscription ou de commensurabilité, mais par une certaine communication de sa présence ou de présentation déterminée <de sa substance>. De la sorte, en raison de sa simplicité, elle est présente au lieu tout entier, ainsi qu'à chacune de ses parties.

9. À la neuvième objection on peut répondre de deux manières. D'une première manière, par la réfutation de la majeure. En effet, les mouvements volontaires qui ont un même terme ne sont pas tous de la même espèce, car ils ne se dirigent pas non plus vers le même terme selon la même raison. Les êtres animés et les substances séparées se meuvent en effet volontairement vers un point de l'espace selon des raisons différentes, car les êtres animés se meuvent vers un lieu comme vers ce en quoi ils sont contenus et circonscrits, alors que les substances

---

1. Cf. *Quaestiones disputatae, de anima separata, de anima beata, de ieunio et de legibus*, q. III, éd. cit., p. 39-53.

spirituales ut tantum cui voluntarie praesentantur. Et est exemplum : id quod dealbatur movetur ad albedinem et visus movetur ad albedinem, non tamen eodem motu in specie, quia nec secundum eamdem rationem, quoniam id quod dealbatur movetur ad albedinem tamquam ad formam per quam perficitur in esse reali, sed sensus tamquam ad formam tantum ut apprehensam. – Secundo modo potest responderi ad minorem. Quod enim dicit « omnes motus iidem in specie possunt esse ab eadem virtute », dico quod verum est « ab aliqua virtute », sed non hac vel ab eadem virtute eodem modo se habente. | Nunc autem anima separata, eo quod libera est, potest se movere libere, potest et corpus dum corpori est unita, sed postquam separata est, non potest corpori alligari, quod tamen necessarium est ad motum ; ideo non potest corpus movere.

10. Ad decimum dicendum quod per essentiam applicatur, quia vere essentia est in loco, non tamen per essentiam, ut essentia sit ratio applicandi vel exsistendi in loco, sed, ut dictum est, ratio applicationis et praesentiae substantiae spiritualis loco corporali est ordo et connexio partium mundi ad invicem. Ratio vero determinationis est proprius modus, mensura et limitatio, prout quaelibet natura habet sibi praefixum modum et limitem,

spirituelles seulement vers ce à quoi elles se rendent présentes volontairement. En voici un exemple : ce qui devient blanc se meut vers la blancheur, de même que la vue se meut vers la blancheur ; cependant, ce n'est pas par la même espèce de mouvement, car ce n'est pas selon la même raison ; ce qui devient blanc se meut en effet vers la blancheur comme vers la forme par laquelle il est accompli dans son être réel, alors que le sens se meut vers la forme seulement en tant qu'elle est appréhendée. – D'une deuxième manière, on peut répondre à la mineure : lorsqu'elle dit que « tous les mouvements identiques selon l'espèce peuvent dériver de la même puissance », je dis qu'elle est vraie si l'on comprend par là « de quelque puissance », mais non de celle-ci ou d'une même puissance qui se comporte de la même manière. | Or l'âme séparée, **36** en tant que libre, peut se mouvoir librement, tout comme elle peut mouvoir le corps aussi longtemps qu'elle lui est unie ; en revanche, une fois séparée, elle ne peut pas être attachée au corps, ce qui est pourtant nécessaire au mouvement ; et pour cette raison elle ne peut pas mouvoir le corps.

10. À la dixième objection il faut répondre que l'âme séparée s'applique au lieu par son essence, car l'essence est véritablement en un lieu, non toutefois par l'essence prise comme fondement du rapport au lieu ou de l'existence en lui ; en effet, comme il a été dit [1], le fondement du rapport et de la présence de la substance spirituelle au lieu corporel réside dans l'ordre et la connexion des parties du monde. En revanche, le fondement de sa détermination <par rapport au lieu> est son mode propre, sa mesure et sa limitation, car chaque nature possède un mode et une limite

---

1. Cf. *supra*, p. 127.

non tantum in virtute, sed in exsistentia. Et ista limitatio non est ipsa essentia, sed consequitur essentiam sub tali esse, cui annexus est talis modus exsistendi; et forte est idipsum esse sic mensuratum, modificatum et limitatum.

11. Ad undecimum dicendum quod nec anima separata nec etiam corpus primo per motum acquirit aliquid spatii per quod movetur. Argumentum enim ita probat de uno sicut de alio; et hoc demonstrat Philosophus, in VI *Physicorum*, et manifestum est etiam per se, quoniam in motu non est accipere primum nec in tempore. Si enim movetur, movebatur; et si pluit, pluebat; et universaliter in omnibus successivis. Et tunc respondeo ad maiorem quod mutatio duplex est : una finalis, ad quam motus terminatur; alia initialis, a qua motus inchoatur. Mutatio finalis et ad quam motus terminatur dicit motum esse et acquisitum esse; mutatio vero initialis et a qua motus inchoatur dicit transitum de quiete ad motum et recessum a termino a quo; ideo non dicit alicuius acquisitionem, sed potius amissionem. Licet autem non possit dari aliquid primo acquisitum nec illud signari, tamen quia amissio non est sine acquisitione nec recessus sine accessu, quamvis non possit illud signari in actu, tamen acquiritur aliquid in potentia, et mobile ponitur in via acquirendi.

qui lui ont été prédéterminés, non seulement relativement à sa puissance, mais aussi à son existence. Cette limitation n'est pas l'essence même, mais elle accompagne l'essence en tant qu'elle se trouve sous l'être auquel revient un tel mode d'exister; et il se peut que cette limitation soit ce même être ainsi mesuré, modifié et limité.

11. À la onzième objection il faut répondre que ni l'âme séparée ni même le corps n'acquiert en premier, par le mouvement, quelque chose de l'espace à travers lequel il se meut. L'argument le prouve en effet autant pour l'un que pour l'autre. Le Philosophe le démontre au VIᵉ livre de la *Physique*[1], et cela est d'ailleurs manifeste par soi, car dans le mouvement, comme dans le temps, il n'y a pas de terme premier. En effet, si quelque chose se meut, c'est qu'il se mouvait, et s'il pleut, c'est qu'il pleuvait; et il en va ainsi universellement de toutes les réalités successives. Je réponds donc à la majeure en disant que le changement est double : l'un concerne la fin dans laquelle le mouvement se termine; l'autre concerne le début à partir duquel le mouvement commence. Le changement final, et dans lequel le mouvement se termine, désigne le fait qu'il y a du mouvement et que quelque chose a été acquis. En revanche, le changement initial, et à partir duquel le mouvement commence, désigne le passage du repos au mouvement et l'éloignement par rapport au terme initial; il n'indique donc pas l'acquisition de quelque chose, mais plutôt une perte. Or, bien qu'il ne puisse y avoir quelque chose d'acquis en premier et qu'on ne puisse le désigner, cependant, étant donné que la perte ne va pas sans acquisition, ni l'éloignement sans rapprochement, quelque chose, même s'il ne peut être désigné en acte, est néanmoins acquis en puissance, et le mobile se situe sur la voie de l'acquisition.

1. *Cf.* Aristote, *Physique*, VI, 6, 237b3-7.

| 12. Ad duodecimum dicendum quod Philosophus non loquitur ibi de anima separata, sed coniuncta. Recitat enim et reprobat aliorum opiniones de anima, quorum quidam posuerunt, ut Plato, animam universi ipsum moventem, et hoc non solum dicit esse falsum, immo impossibile. Moveret enim corpus motibus quibus ipsa movetur; et versa vice, prout moveretur corpus, moveretur et anima. Puto tamen quod Philosophus depravavit opinionem Platonis nec reprobavit eam secundum mentem suam, sed prout ipse eam accepit in sua depravatione.

13. Ad decimum tertium dicendum quod est quoddam simplex et indivisibile situatum in continuo, et de hoc verum est quod impossibile esset moveri super aliquod spatium nisi describendo omnia indivisibilia in actu, et ideo probat Philosophus quod tale indivisibile impossibile est moveri. Aliud est indivisibile et simplex non situatum, sed substantia absoluta, quod non est indivisibile propter parvitatem, sed magis per quamdam potestativam unitatem; et istud non applicat se indivisibili, sed exhibet se praesentem et applicat se divisibili quantum vult citra limitem sibi praefixum. Et ideo non describit omnia indivisibilia, immo prout paulatim applicat se suo modo partibus spatii, facit in motu continuationem et successionem.

| 12. À la douzième objection il faut répondre qu'à cet 37 endroit le Philosophe ne parle pas de l'âme séparée, mais de l'âme unie au corps. En effet, il rapporte et rejette les opinions d'autres au sujet de l'âme, dont certains, tel Platon, ont prétendu qu'il y a une âme qui meut le monde [1] – ce qu'Aristote ne considère pas seulement comme faux mais, qui plus est, comme impossible ; si tel était le cas, l'âme mouvrait en effet le corps <du monde> par les mouvements par lesquels elle se meut elle-même et, inversement, dans la mesure où le corps serait mû, l'âme aussi serait mue. Je pense toutefois que le Philosophe a dénaturé l'opinion de Platon et qu'il ne l'a pas rejetée en tenant compte de l'intention de Platon, mais d'après la manière dont il l'a comprise dans son interprétation abusive.

13. À la treizième objection il faut dire que dans le continu il y a quelque chose de simple et d'indivisible ; et à son sujet il est vrai de dire qu'il ne pourrait pas se mouvoir à travers un espace sans décrire en acte tous les points indivisibles – raison pour laquelle le Philosophe prouve qu'il est impossible qu'un tel indivisible se meuve. Or il y a un autre indivisible, qui est simple et n'est pas situé, mais qui est une substance absolue ; cet indivisible-ci n'est pas indivisible à cause de la petitesse, mais plutôt à cause d'une certaine unité de puissance. Et celui-ci ne s'applique pas à l'indivisible, mais il se rend présent et s'applique au divisible autant qu'il le veut en deçà de la limite qui lui a été fixée. Pour cette raison, il ne décrit pas tous les points indivisibles, mais il produit au contraire la continuité et la succession dans le mouvement, dans la mesure où, à sa manière, il s'applique petit à petit aux parties de l'espace.

---

1. Cf. Aristote, *De l'âme*, I, 3, 406b15-28 ; Platon, *Timaeus, interprete Chalcidio cum eiusdem commentario*, § 34 B, éd. I. Wrobel, Frankfurt 1963, p. 31.

14. Ad decimum quartum dicendum quod anima separata est in loco et movetur de loco ad locum in tempore, ut videbitur quaestione sequenti. – Quod obicit de loco, quod dependet a corpore caelesti, quia nec habet rationem loci a corpore locante, sed per respectum et comparationem ad terminos mundi, anima autem separata non dependet a corpore caeli, dico quod accipit locum proprie prout corpora sunt in loco contenta et salvata et recipientia a loco influentiam. Anima autem separata non est sic in loco, sed tantum per communicativam praesentiam et sui praesentationem definitivam, ut dictum est. Et ideo non **38** oportet quod a corpore caeli dependeat. – Quod | similiter obicit de tempore quod fundatur in motu primi mobilis, dico, secundum Augustinum, XII *De civitate*, cap. 14, et II *Super Genesim*, quod tempus accipitur tribus modis. Uno modo dicitur tempus distinctio prioris et posterioris in motu quocumque, et sic tempus incepit ante caelum in transmutationibus illius primordialis materiae, et motu caeli cessante adhuc esset tempus. Nam ut dicit idem, XI *Confessionum* : Si caelum non moveretur,

14. À la quatorzième objection il faut répondre que l'âme séparée est dans un lieu et se meut d'un lieu vers un autre lieu dans le temps, comme il sera montré dans la question suivante [1]. – À ce qu'on objecte à propos du lieu – à savoir qu'il dépend du corps céleste car il ne tient pas sa raison de lieu d'un corps qui localise, mais de son rapport [et de sa comparaison] aux limites du monde, alors que l'âme séparée ne dépend pas du corps du ciel –, je réponds que cette objection prend le lieu au sens propre, à savoir que les corps sont contenus et conservés dans le lieu et en reçoivent l'influence. Or l'âme séparée n'est pas dans le lieu de cette manière, mais seulement par une communication de sa présence et par une présentation délimitée de soi, comme il a été dit [2] ; pour cette raison, il n'est pas nécessaire qu'elle dépende du corps du ciel. – Pareillement, à ce qu'on | objecte à propos du temps – à savoir qu'il est fondé dans **38** le mouvement du premier mobile –, je réponds, selon Augustin au livre XII de *La Cité de Dieu*, chapitre 14 [3], et au IIe livre du commentaire de la *Genèse* [4], que le temps peut être pris de trois manières. D'une première manière, on dit que le temps est la distinction de l'avant et de l'après dans n'importe quel mouvement ; ainsi le temps a commencé avant le ciel dans les transformations de la matière primordiale et il continuerait d'être, même si le mouvement du ciel cessait. En effet, comme il le dit lui-même au livre XI des *Confessions* [5], si le ciel ne se mouvait pas,

1. *Cf.* question III : voir *supra*, p. 141, note 1.

2. Cf. *supra*, p. 133.

3. Augustin, *La Cité de Dieu*, l. XII, c. 14, § 1 (BA 35, p. 190-193).

4. Augustin, *La Genèse au sens littéral*, l. II, c. 14, § 29 (BA 48, p. 192-197).

5. Augustin, *Les confessions*, l. XI, c. 23, § 29 (BA 14 p. 318-319).

adhuc moveretur rota figuli, et ille motus tempore mensuraretur. Scriptura etiam hoc docet. Tempore enim Iosue, caelo stante, pugna committebatur, et certum est quod tempore mensurabatur. – Alio modo dicitur tempus distinctio prioris et posterioris in motu aliquo uniformi et regulari, et hoc modo fundatur in motu caeli et incepit simul cum caelo. – Tertio modo dicitur tempus distinctio prioris et posterioris in motu secundum distinctionem annorum, mensium, dierum et horarum, et hoc modo fundatur in motu luminarium caelestium et incepit simul cum stellis quarta die.

15. Ad decimum quintum posset dici quod revera substantia spiritualis non est in loco ratione alicuius figurae. Tamen quod dicit posse describi quadrangulum usque ad fines mundi aequale in spatio quadrato tanto quanta est una domus, dico quod si hoc possibile sit, sicut demonstratur secundum divisiones mathematicas, tamen non secundum divisiones naturales et reales ; substantia autem spiritualis non est in loco mathematico, sed naturali. – Aliter potest dici et melius, quod quamvis non sit in loco ratione figurae, quod non posset esse in toto illo quadrangulo quod ipse imaginatur, non est propter impedimentum figurae, sed magis propter distantiam terminorum. Praefixus enim est terminus et limes vel meta in quanto spatio

la roue du potier continuerait de se mouvoir et ce mouvement serait mesuré par le temps. Les Écritures enseignent la même chose : au temps de Josué [1], le ciel étant immobilisé, une bataille fut livrée, et il est certain qu'elle fut mesurée par le temps. – D'une autre manière, on dit que le temps est la distinction de l'avant et de l'après dans un certain mouvement uniforme et régulier ; de cette façon, le temps est fondé dans le mouvement du ciel et a commencé avec le ciel. – D'une troisième manière, on dit qu'il est la distinction de l'avant et de l'après dans le mouvement selon la division des années, des mois, des jours et des heures ; de cette façon, il est fondé dans le mouvement des luminaires célestes et a commencé en même temps que les étoiles au quatrième jour.

15. À la quinzième objection on pourrait répondre que la substance spirituelle n'est pas dans un lieu en raison d'une configuration déterminée. Cependant, à ce qui est dit, à savoir que l'on peut tracer un quadrilatère jusqu'aux limites du monde, égal dans l'espace à un carré aussi grand que l'est une maison, je réponds que si cela est possible, comme on le démontre selon les divisions mathématiques, il ne l'est cependant pas selon les divisions naturelles et réelles ; or la substance spirituelle n'est pas dans un lieu mathématique, mais naturel. – On peut répondre d'une autre manière, et mieux encore, que même si elle n'est pas dans un lieu en raison de sa configuration, ce n'est pas par un empêchement de sa configuration qu'elle ne pourrait pas être dans tout ce quadrilatère que l'on s'imagine, mais plutôt à cause de la distance des termes. En effet, à la substance spirituelle correspondent un terme et une limite ou une borne établis en relation à un espace aussi grand

---

1. Cf. *Josué*, 10, 12-14.

potest esse et non ampliori secundum omnem dimensionem, ita quod in latiori vel longiori esse non potest. Quamvis ergo ille quadrangulus non excedat in spatio quadratum, excedit tamen improportionaliter in longitudine, et termini magis a se distant, et ideo quamvis possit in illo quadrato, non tamen in quadrangulo pertingente usque ad fines mundi.

39 | 16. Ad decimum sextum dicendum quod, sicut apparet, Augustinus loquitur ibi de motu cogitationum et affectionum; et hoc modo verum est quod dicit quod isto modo motus non movetur per loca, sed per tempora. Alius tamen est motus substantiae separatae prout definitur loco et transit de loco ad locum, et iste est per loca.

17. Ad decimum septimum patet responsio, quoniam non movetur localiter, hoc est secundum commensurationem et configurationem sui ad spatium locale, nisi quod distenditur per spatium loci. Nos autem non sic ponimus moveri substantias, sed per quamdam sui praesentationem et praesentiae exhibitionem et determinationem ipsi spatio et partibus spatii, quibus simplici suo modo se applicat, ita quod est in qualibet parte.

qu'il peut l'être – et non plus ample selon chaque dimension –, de sorte que la substance spirituelle ne peut pas être dans un espace plus large ni plus long. Par conséquent, même si ce quadrilatère ne dépasse pas le carré dans l'espace, il le dépasse cependant de manière non proportionnelle en longueur, si bien que ses limites sont davantage éloignées les unes des autres ; pour cette raison, même si elle peut être dans ce carré-là, une substance spirituelle ne peut pas être dans le quadrilatère qui s'étend jusqu'aux limites du monde.

| 16. À la seizième objection il faut répondre qu'à cet **39** endroit [1], comme il apparaît clairement, Augustin parle du mouvement des pensées et des affections ; en ce sens, ce qu'il dit est vrai, à savoir que le mouvement de cette sorte ne meut pas à travers des lieux, mais à travers les temps. Autre pourtant est le mouvement de la substance séparée en tant qu'il est délimité par le lieu et qu'il passe d'un lieu à l'autre, et ce mouvement s'effectue à travers des lieux.

17. À la dix-septième objection la réponse est claire, car seul ce qui s'étend à travers un lieu se meut localement, c'est-à-dire selon sa commensurabilité et sa configuration par rapport à l'espace. Or nous ne disons pas que les substances <séparées> se meuvent ainsi, mais plutôt par une sorte de présentation d'elles-mêmes, par la manifestation de leur présence et par leur délimitation par rapport à l'espace et aux parties de l'espace auxquelles elles s'appliquent selon un mode simple, de sorte à être présentes dans chacune de ses parties.

---

1. Augustin, *La Genèse au sens littéral*, l. VIII, c. 20, § 39 (BA 49, p. 68-70).

Richardus de Mediavilla

SCRIPTUM SUPER I LIBRUM SENTENTIARUM, DISTINCTIO XXXVII, ARTICULUS II, QUAESTIONES 1-4

Consequenter quaeritur de secundo principali, et circa hoc quaeruntur quattuor. Primo, utrum angelus sit nusquam. Secundo, utrum sit in spatio vel in aliquo impartibili ipsius spatii sicut in puncto. Tertio, utrum possit esse simul in pluribus locis. Quarto, utrum plures angeli possint simul esse in eodem loco.

QUAESTIO 1
UTRUM ANGELUS SIT NUSQUAM

<Quod sic>

Primo ostendo quod angelus sit nusquam. Boethius, in libro *De hebdomadibus*, dicit quod incorporalia non esse in loco est communis animi conceptio, quam non vulgus, sed docti comprobant; sed angelus est incorporalis; ergo angelus non est in loco. Sed quod non est in loco, nusquam est.

COMMENTAIRE DU Iᵉʳ LIVRE
DES *SENTENCES*, DISTINCTION XXXVII,
ARTICLE II, QUESTIONS I-IV

On s'interroge par la suite à propos du deuxième
<article> principal et on soulève quatre questions.
Premièrement, <on demande> si l'ange n'est nulle part.
Deuxièmement, s'il est dans l'espace ou dans un indivisible
de l'espace comme en un point. Troisièmement, s'il peut
être simultanément en plusieurs lieux. Quatrièmement, si
plusieurs anges peuvent se trouver simultanément dans le
même lieu.

QUESTION I
ON DEMANDE SI L'ANGE N'EST NULLE PART

<*Arguments en faveur de la thèse énoncée*>

Premièrement, je montre que l'ange n'est nulle part.
Dans le livre *De hebdomadibus* [1], Boèce affirme que c'est
une conception commune approuvée par les érudits, mais
non par le vulgaire, que les réalités incorporelles ne sont
pas dans un lieu. L'ange est incorporel et n'est donc pas
dans un lieu. Or ce qui n'est pas dans un lieu n'est nulle
part.

---

1. Boèce, *De hebdomadibus*, éd. cit., p. 40, l. 25-26.

Item, Augustinus, *De Diversis quaestionibus*, quaestio 2 : quod alicubi est continetur loco ; quod loco continetur corpus est. Sed angelus non est corpus ; ergo non continetur in loco ; ergo nusquam est.

Item, Avicenna, II *Metaphysicae*, capitulo 3, dicit quod substantiae intelligibiles non habent situm, nec possunt designari ; sed esse tale nusquam est ; ergo angelus nusquam est.

Item, Avicenna in eodem libro et eodem capitulo : quod non est sensibile, non habet locum ullo modo ; sed angelus **326a** non est sensibilis ; ergo | non habet locum ullo modo. Ergo nusquam est.

Item, ultimum coelum nusquam est, quia secundum Philosophum, IV *Physicorum*, coelum non est in alio ; sed rationabilius est angelum nusquam esse quam quamcunque substantiam corporalem ; ergo angelus nusquam est.

Item, naturae angeli non repugnat nusquam esse, quia si mundus corporalis distrueretur, maneret angelus et nusquam esset ; ergo, a simili, nusquam est, mundo corporali manente.

Item, si negas angelum nusquam esse, hoc non est, nisi quia mundus corporalis manet. Quod patet, quia si mundus corporalis non esset, angelus nusquam esset. Sed quod haec ratio non valeat, ostendo sic : quia Deus posset creare

De même, dans les *Quatre-vingt-trois questions diverses*, Augustin affirme, à la question deux [1], que ce qui est quelque part est contenu dans un lieu et que ce qui est contenu dans un lieu est un corps. Or l'ange n'est pas un corps. Il n'est donc pas contenu dans un lieu et n'est nulle part.

De même, au IIe livre de la *Métaphysique*, chapitre 3 [2], Avicenne dit que les substances intelligibles ne possèdent pas de lieu et ne peuvent pas être désignées <localement>. Or ce qui est de cette manière n'est nulle part. L'ange n'est donc nulle part.

De plus, dans le même livre et au même chapitre, Avicenne dit que ce qui n'est pas sensible ne possède de lieu en aucune façon. Or l'ange n'est pas sensible. | Il n'a **326a** donc absolument pas de lieu et il n'est nulle part.

De même, le dernier ciel n'est nulle part, puisque selon le Philosophe, au IVe livre de la *Physique* [3], le ciel n'est pas dans quelque chose d'autre. Or il est plus raisonnable <de penser> de l'ange qu'il n'est nulle part plutôt que de la substance corporelle. L'ange n'est donc nulle part.

De même, le fait de n'être nulle part ne s'oppose pas à la nature de l'ange, car si le monde corporel était détruit, l'ange subsisterait et ne serait nulle part. Il s'ensuit, par analogie, qu'il n'est nulle part, même si le monde corporel demeure.

De même, si tu nies que l'ange n'est nulle part, cela est dû uniquement au fait que le monde corporel existe ; cela est manifeste, car si le monde corporel n'existait pas, l'ange ne serait nulle part. Mais cette raison n'est pas valable, ce que je montre ainsi : Dieu pourrait créer

1. En réalité il s'agit de la question 20 : Augustin, *Quatre-vingt-trois questions différentes*, q. 20 (BA 10, p. 68-71).

2. *Cf.* Avicenne, *Metaphysica*, l. II, c.3, éd. cit., p.83 (trad. cit., p.142).

3. *Cf.* Aristote, *Physique*, IV, 5, 212b8-10 ; 212b14 et 212b22.

alium corporalem mundum, isto manente, ut inferius ostendetur. Et si angeli sunt in hoc mundo, posset eos removere de isto mundo et ponere in alio – haec est per se nota; quo facto, posset illum alium mundum destruere, angelis non mutatis, cum non dependeant a loco. Quo facto, isto mundo corporali manente, angeli essent et nusquam essent. Potest ergo dici quod angeli nusquam sunt, non obstante manentia huius machinae corporalis.

Item, si ad esse locum sequitur angelos esse in loco, tunc, si non esset aliqua creatura corporalis nisi unum granum milii, omnes angeli essent in illo grano, quod absurdum videtur.

<Contra>

Contra. Damascenus, II libro, capitulo 5 : coelum est continentia visibilium et invisibilium creaturarum; intra ipsum enim et intellectuales angelorum virtutes et omnia sensibilia concluduntur.

Item, Philosophus, I *Coeli et mundi* : omnes homines conveniunt in loco corporis huius primi mobilis, quod est locus spiritualium – scilicet graeci et alii ex gentibus qui Deum confitentur et eius potestatem creandi. Cum ergo angeli sint spirituales, in coelo sunt.

un autre monde corporel, même si celui-ci demeure, comme il sera montré ultérieurement[1]. Or il est évident que si les anges se trouvent dans ce monde-ci, Dieu pourrait les en éloigner et les placer dans l'autre monde ; une fois cela fait, Dieu pourrait détruire cet autre monde sans que les anges ne soient déplacés, puisqu'ils ne dépendent pas du lieu. Dans ce cas, bien que le premier monde corporel demeure, les anges continueraient d'exister et ils ne seraient nulle part. On peut donc affirmer que les anges ne sont nulle part, même si cet univers corporel demeure.

De même, si on pouvait déduire de l'existence d'un lieu que les anges se trouvent dans un lieu, il s'ensuivrait alors que s'il n'y avait pas de créature corporelle excepté un grain de millet, tous les anges seraient dans ce grain-là, ce qui est absurde.

<Arguments contraires>

En sens contraire. Au IIe livre, chapitre 5, Damascène[2] dit que le ciel est le contenant des créatures visibles et invisibles ; les puissances intellectuelles des anges et toutes les choses sensibles sont en effet comprises en lui.

De même, selon le Philosophe, au Ier livre du traité *Du Ciel et du monde*[3], tous les hommes – à savoir les Grecs et les autres parmi les nations qui professent leur croyance en Dieu et sa puissance de créer – s'accordent à dire que <les créatures spirituelles sont> dans le lieu du corps du premier mobile, car il est le lieu des choses spirituelles ; les anges sont donc dans le ciel, puisqu'ils sont spirituels.

---

1. Cf. *infra*, p. 171.
2. Jean Damascène, *La foi orthodoxe*, § 20 (II, 6), vol. I, p. 239.
3. *Cf.* Aristote, *Traité du Ciel*, I, 3, 270b5-9. Richard de Mediavilla reprend ici la traduction latine de Gérard de Crémone : voir Albertus Magnus, *De caelo et mundo*, éd. P. Hossfeld (Opera omnia V/1), Münster i. W., 1971, p. 21, l. 77-78.

Item, Philosophus in eodem libro : nos autem consuevimus nominare horizonta mundi et superius coelum, et dicimus quod illic sunt spiritualia omnia. Sed angeli sunt res spirituales; ergo sunt in superiori coelo.

Item, Cicero, in I libro *Tusculanarum quaestionum* : si ergo apud inferos miseri non sunt, nec sunt quidem apud inferos ulli. Ubi ergo sunt illi quos tamen miseros esse existimas, aut quem locum incolunt? Si enim sunt, nusquam esse non possunt. Sed angeli sunt; ergo nusquam esse non possunt.

Item, Philosophus, IV *Physicorum* : quod non est nusquam est, et illud quod est alicubi est; sed angeli sunt, ergo alicubi sunt.

Item, cum prius ordine naturae sit esse quam operari, videtur quod prius ordine naturae sit esse in loco quam operari in loco.

<Responsio>

Ad hanc quaestionem, dixerunt quidam quod angelus sine assumpto corpore non est in loco nisi per operationem. 326b Et ratio eorum | fuit, quia omne quod est in loco applicatur ad locum aut per commensurationem – et sic corpus est in loco –, aut per informationem corporis existentis in

De même, selon le Philosophe dans le même livre[1], nous avons l'habitude d'employer les termes d'"horizons du monde" et de "ciel supérieur", et nous disons que tous les êtres spirituels sont là. Or les anges sont des êtres spirituels. Ils sont donc dans le ciel supérieur.

De même, dans le Ier livre des *Tusculanes*[2], Cicéron dit que si les misérables ne sont pas en enfer, personne ne s'y trouve. Où sont donc ceux que tu estimes être misérables et quel lieu habitent-ils? En effet, s'ils existent, ils ne peuvent pas n'être nulle part. Or les anges existent; ils ne peuvent donc pas n'être nulle part.

De même, selon le Philosophe au IVe livre de la *Physique*[3], ce qui n'est pas n'est nulle part, et ce qui est est quelque part; or les anges sont; ils sont donc quelque part.

De même, puisque selon l'ordre de la nature l'être est antérieur à l'agir, il semble que selon ce même ordre le fait d'être dans un lieu précède le fait d'agir dans un lieu.

<Réponse>

À propos de cette question, certains[4] ont affirmé que si l'ange n'a pas revêtu un corps, il n'est dans un lieu que par une opération. Leur argument | consistait à dire que **326b** tout ce qui est dans un lieu s'applique au lieu soit par commensuration – c'est ainsi que le corps est dans

---

1. *Cf.* Aristote, *Traité du Ciel*, I, 9, 278b14-15 : voir Albertus Magnus, *De caelo et mundo*, éd. cit. p. 73, l. 71-72.

2. Cicéron, *Tusculanes*, trad. J. Humbert, 4e éd., Paris 1970, l. I, c. 6, § 11, p. 10.

3. *Cf.* Aristote, *Physique*, IV, 1, 208a29-30.

4. *Cf.* Thomas d'Aquin, *In I Sententiarum*, d. XXXVII, q. IV; *Summa theologiae* I, q. 52, a. 1.

loco – et sic anima est in loco dum actu informat corpus –, aut per hoc quod est terminus rei habentis positionem in loco – et sic punctus est in loco. Angelus autem non commensuratur corpori, nec est forma corporis, nec terminus corporis; ergo nulla est ratio suae applicationis ad locum nisi operatio.

Sed contra hanc opinionem est auctoritas et ratio. Dicit enim Strabus in *Glossa Genesis* I, quod coelum empyreum statim angelis repletum est. Et constat quod non intelligit hoc fuisse per aliquam operationem illorum, quam statim haberent circa locum illum. Item Hugo, I *De sacramentis*, parte III, capitulo 18, illam opinionem expresse videtur redarguere dicens sic : « non ignoro quosdam ab omni spiritu locum universaliter removere voluisse, quoniam secundum dimensionem solum et circumscriptionem corporalem locum constare comprobaverunt. Sed horum, ut supra diximus, consideratio nimis a communi estimatione et possibilitate recessit ».

Praeterea, supradictam opinionem dogmatizantes a domino Stephano Parisiensi Episcopo excommunicati sunt.

un lieu –, soit par information d'un corps qui se trouve dans un lieu – c'est ainsi que l'âme est dans un lieu aussi longtemps qu'elle informe en acte le corps –, soit en étant la limite de quelque chose qui occupe une position dans un lieu – et c'est ainsi que le point est dans un lieu. Or l'ange et le corps ne sont pas commensurables, et l'ange n'est ni la forme ni la limite d'un corps. Il n'y a donc aucune raison qui explique son application au lieu, si ce n'est une opération.

L'autorité et la raison s'opposent à cette opinion. En effet, dans sa glose sur le Ier livre de la *Genèse*[1], Strabon dit que le ciel empyrée fut aussitôt rempli d'anges ; or, d'après lui, cela ne s'est pas produit par une opération que les anges auraient immédiatement effectuée par rapport à ce lieu. De même, au Ier livre de son traité sur *Les sacrements*, IIIe partie, chapitre 18, Hugues semble réfuter expressément cette opinion lorsqu'il dit : « je n'ignore pas que certains ont voulu d'une manière générale affranchir l'esprit de tout lieu, car ils ont considéré le lieu uniquement selon la dimension et la circonscription corporelle. Or, comme nous l'avons dit plus haut, leur considération s'est beaucoup éloignée de l'opinion commune et de la possibilité <réelle> »[2].

De plus, les penseurs qui ont érigé en dogme cette opinion ont été excommuniés par Étienne, évêque de Paris[3].

---

1. Strabon, *Glossa ordinaria in Genesim* 1, 1 (PL 113, col. 68 C).

2. Hugues de Saint-Victor, *De sacramentis christianae fidei*, I, p. 3, c. 18, éd. cit. p. 83-84.

3. Voir l'article 204 du syllabus de 1277 : *cf.* D. Piché, *La condamnation*, p. 140.

Contra illam praedictam opinionem sunt plures auctoritates superius in opponendo allegatae. Etiam in contrarium est ratio. Certum est enim quod angeli movent aliqua corpora : est enim communis opinio quod moveant orbes ; sed prius ordine naturae est applicatio virtutis motoris ad mobile, quam mobile moveri incipiat a motore ; ergo prius ordine naturae virtus angeli applicatur corpori, quam corpus incipiat moveri ab ipso. Si autem illa virtus est in angelo ut in radice, tunc prius ordine naturae angelus applicatur ad corpus quam aliquam operationem corporalem faciat in corpore. Si autem illa virtus non est in angelo ut in radice, sed in ipso corpore, oportet eam esse creatam a virtute quae est in angelo ut in radice ; et sic, cum ratio illius virtutis sit aliqua operatio, prius ordine naturae virtus quae est in angelo ut in radice applicatur illi corpori quam causet illam aliam virtutem in ipso corpore ; cum ergo angelus praesens sit ubi est praesens virtus existens in ipso, sequitur quod prius ordine naturae angelus praesens est corpori quam aliquam operationem causet in corpore.

Ideo mihi videtur dicendum quod angelus, praeter omnem operationem quam habeat circa locum, est in loco non circumscriptive, cum non sit res corporalis, sed diffinitive est praesens alicui loco determinato. Et si quaeratur ratio suae applicationis ad locum, dico 327a quod ratio applicationis efficiens est | voluntas angeli imperans et sua potentia exequens, vel potentia Dei

Contre cette opinion on peut alléguer plusieurs des autorités mentionnées plus haut dans les arguments contraires. On peut aussi invoquer la raison : il est en effet certain que les anges meuvent certains corps, car c'est une opinion commune qu'ils meuvent les sphères célestes. Or, selon l'ordre de la nature, l'application de la puissance du moteur au mobile est antérieure au fait que le mobile commence à être mû par le moteur ; par conséquent, selon l'ordre de la nature, la puissance de l'ange est appliquée au corps avant que le corps ne commence à être mû par l'ange. Et si cette puissance est dans l'ange comme en sa racine, alors, selon l'ordre de la nature, l'ange s'applique au corps avant d'exercer une opération corporelle dans le corps. En revanche, si cette puissance n'est pas dans l'ange comme en sa racine, mais dans le corps même, il faut qu'elle ait été créée par une puissance qui est dans l'ange comme en sa racine ; et ainsi, étant donné que le fondement de cette puissance est une opération, selon l'ordre de la nature la puissance qui est dans l'ange comme en sa racine s'applique à ce corps avant qu'elle ne cause cette autre puissance dans ce même corps. À partir de là, étant donné que l'ange est présent là où est présente la puissance qui est en lui, il s'ensuit que selon l'ordre de la nature l'ange est présent au corps avant de causer une opération dans le corps.

Il me semble donc qu'il faut dire ceci : au-delà de toute opération qu'il effectue par rapport au lieu, l'ange est dans le lieu non de manière à y être circonscrit, puisqu'il n'est pas une chose corporelle, mais est présent à un lieu déterminé de manière à y être délimité. Et si l'on demande quelle est la raison de son application au lieu, je dis que la raison efficiente de son application est sa | volonté **327a** impérieuse et sa force d'exécution, ou la puissance de Dieu

quae est superior causa. Ratio autem finalis huius applicationis est maior universi unitas vel quia quandoque aliquid angelus intendit operari circa locum. Ratio autem formalis illius applicationis non est circumscriptio a loco – quia nihil potest loco circumscribi nisi quod est dimensionatum –, nec informatio corporis existentis in loco – quia angelus nullius est corporis forma –, nec terminatio magnitudinis existentis in loco – quia angelus nullius magnitudinis terminus est –, nec operatio circa locum potest esse praecisa ratio huius applicationis, ut superius probatum est, nec ordo universi – quia si ordo universi sit ratio huius applicationis non est ratio formalis huius applicationis, sed finalis : dico ergo quod formalis ratio applicationis angeli ad locum est sua simultas cum loco vel cum re in loco existente. Unde, sicut formalis ratio applicationis corporis ad locum est circumscriptio, sic formalis applicatio angeli ad locum est simultas sua cum loco vel cum re existente in loco.

Et sic patet responsio ad rationem adductam pro opinione alia : procedebat enim ab insufficienti enumeratione.

<Ad rationes in oppositum>

Ad argumenta quae probabant angelum esse nusquam respondendum est.

qui agit comme cause supérieure. Quant à la raison finale de son application au lieu, il s'agit de la plus grande unité de l'univers ou du fait que l'ange cherche parfois à réaliser quelque chose par rapport à un lieu. De son côté, la raison formelle de cette application n'est pas la circonscription par un lieu, puisque rien ne peut être circonscrit par un lieu, excepté ce qui possède une dimension ; ce n'est pas non plus l'information d'un corps existant dans un lieu, puisque l'ange n'est la forme d'aucun corps ; ni la délimitation d'une grandeur existant dans un lieu, puisque l'ange n'est la limite d'aucune grandeur ; ni l'opération par rapport à un lieu, étant donné que celle-ci ne peut être la raison précise de son application, comme il a été montré plus haut [1] ; ni l'ordre de l'univers, car si l'ordre de l'univers était la raison de son application, il ne serait pas la raison formelle de son application, mais <sa raison> finale. Je dis donc que la raison formelle de l'application de l'ange à un lieu est sa simultanéité à l'égard d'un lieu ou de quelque chose qui existe dans un lieu. C'est pourquoi, de même que la raison formelle de l'application du corps au lieu est la circonscription, de même l'application formelle de l'ange au lieu est sa simultanéité à l'égard d'un lieu ou d'une chose qui existe dans un lieu.

Ainsi, la réponse à la raison avancée en faveur de l'autre opinion est manifeste : cette dernière découlait en effet d'une énumération insuffisante.

<*Réponses aux arguments contraires*>

Il faut répondre aux arguments qui prouvaient que l'ange n'est nulle part.

Au premier argument, qui s'appuie sur l'autorité de Boèce, il faut répondre que <Boèce> ne conteste pas que

---

1. Cf. *supra*, p. 163.

Ad primum, quod arguitur per auctoritatem Boetii, dicendum quod <Boethius> non intendit negare incorporalia esse in loco per sui simultatem cum loco vel cum re existente in loco, sed intendit negare quod enim sunt in loco circumscriptive. Simili modo solvi potest ad alia tria quae sequuntur.

Ad quintum, cum dicitur quod ultimum coelum non est in alio, etc., dico quod, quamvis non sit contentum a loco, tamen per circumscriptionem activam applicatum est rei existenti in loco.

Ad sextum, cum dicitur quod naturae angeli non repugnat nusquam esse, etc., dicunt aliqui quod falsum est, ista corporali machina mundi manente. Dicunt enim quod eo ipso quod angelus et ista corporalis machina sunt ab uno principio, scilicet a Deo, oportet angelum esse applicatum alicui parti huius machinae, non tamen alicui determinate. Alii autem dicunt quod sicut naturae angeli non repugnat nusquam esse, ita sibi non repugnat alicubi esse. Et ideo, sicut nusquam esset si nulla esset corporalis creatura, ita dico quod alicubi est, mundo corporali existente.

les êtres incorporels soient dans un lieu par leur simultanéité à l'égard d'un lieu ou d'une chose qui existe dans un lieu ; il conteste en revanche qu'ils soient dans un lieu de manière à y être circonscrits. On peut réfuter pareillement les trois arguments qui suivent.

Au cinquième argument, lorsqu'il est dit que le dernier ciel n'est pas dans quelque chose d'autre, etc., je réponds que même s'il n'est pas contenu par un lieu, il s'applique néanmoins à une chose qui existe dans un lieu au moyen d'une circonscription active.

Au sixième argument, lorsqu'il est dit que le fait de n'être nulle part n'est pas incompatible avec la nature de l'ange, etc., certains[1] répondent que cela est faux du moment où l'univers corporel subsiste ; ils affirment en effet que, du moment où l'ange et cet univers corporel proviennent d'un seul principe, à savoir Dieu, il faut que l'ange s'applique à une partie de cet univers, mais non à une partie déterminée. D'autres[2] soutiennent en revanche que si le fait de n'être nulle part n'est pas incompatible avec la nature de l'ange, le fait d'être quelque part n'est pas <non plus> opposé à sa nature ; pour cette raison, de même que <selon eux> l'ange ne serait nulle part si aucune créature corporelle n'existait, de même je dis qu'il est quelque part dès lors que le monde corporel existe.

---

1. *Cf.* Matthieu d'Aquasparta, *Quaestiones disputatae de anima separata*, q. II, éd. cit., p. 30 et *supra*, p. 123.
2. Position proche de celle de Bonaventure, *In II Sententiarum*, d. II, p. II, q. 1, éd. cit., p. 77, où on lit que la raison de la localisation de l'ange est l'ordre de l'univers.

Ad septimum, dicendum quod non plus concludit nisi quod Deus posset facere angelos non esse in loco, isto corporali mundo manente, quod aliquibus non videtur negandum. Videtur enim eis quod, quamvis angelos esse in loco pertineat ad ordinem universi accidentalem, non tamen pertinet ad universi ordinem essentialem simpliciter, **327b** qui est participatio primi | etiam secundum diversos gradus; primum autem ordinem Deus potest immutare, secundo ordine remanente. Quaestio autem proposita non est de eo quod Deus facere potest, sed de hoc quod factum est.

Ad octavum, dicendum quod ad esse locum non sequitur angelos esse in loco, loquendo de loco quocunque; sed ad esse mundum, sicut modo ordinatus est, sequitur angelos in loco esse secundum modum qui superius dictum est. Unde, si Deus destrueret totam creaturam corporalem praeter granum unum milii, non oporteret angelos in illo esse; non enim similem habitudinem haberent ad illud granum, sicut modo habent ad mundum.

Argumenta ad partem secundam gratia conclusionis concedenda sunt. Ultimum tamen non cogit ratione formae, sicut nec istud : « prius est esse quam moveri, ergo prius est esse in tempore quam moveri in tempore » –

Au septième argument il faut répondre que l'on ne peut en conclure davantage, si ce n'est que Dieu pourrait faire en sorte que les anges ne soient pas dans un lieu, même si ce monde corporel subsistait – ce qui pour certains[1] ne semble pas devoir être nié. Car il leur semble que, même s'il relève de l'ordre accidentel de l'univers que les anges se trouvent dans un lieu, toutefois cela ne concerne pas pour autant, absolument parlant, l'ordre essentiel <de l'univers>, lequel est aussi une participation du premier <principe> | selon divers degrés ; or Dieu peut changer le **327b** premier ordre, même si le second demeure. Cela dit, la question posée <ici> n'est pas de savoir ce que Dieu peut faire, mais ce qui a été fait.

Quant au huitième argument, il faut dire que l'existence d'un lieu n'implique pas que les anges soient dans un lieu, si l'on se réfère à un lieu quelconque. En revanche, le fait que le monde existe tel qu'il est ordonné à présent implique que les anges soient dans un lieu selon la modalité décrite plus haut. Pour cette raison, si Dieu détruisait l'ensemble de la créature corporelle, excepté un grain de millet, il ne faudrait pas que les anges se trouvent en lui, car ils n'auraient pas à l'égard de ce grain le même rapport qu'ils ont à présent à l'égard du monde.

Compte tenu de la conclusion, les arguments qui concernent la seconde partie doivent être concédés. Cependant, le dernier n'est pas contraignant en raison de sa forme, comme ne l'est l'énoncé qui dit : « l'être précède le mouvoir, donc le fait d'être dans le temps précède le fait de se mouvoir dans le temps » –

---

1. Cette position pourrait être celle d'Henri de Gand, *Quodlibet* XV, q. IV, éd. G. Etzkorn – G. Wilson, Leuven 2007, p. 19-22.

quae consequentia nulla est, quia res per suum moveri est in tempore, secundum Philosophum IV *Physicorum*.

QUAESTIO 2
UTRUM ANGELUS SIT IN SPATIO VEL IN ALIQUO IMPARTIBILI IPSIUS SPATII, SICUT IN PUNCTO

<Quod non>

Secundo quaeritur utrum angelus sit in spatio vel in aliquo impartibili ipsius spatii, sicut in puncto. Et ostendo quod non sit in spatio.

Philosophus I *De anima* : quorum locus est indivisibilis, et ipsa sunt indivisibilia; ergo, a simili, quae sunt indivisibilia non habent locum divisibilem. Sed angelus est indivisibilis et omne spatium est divisibile; ergo angelus non est in spatio.

Item corpus, quia est divisibile, non potest esse in indivisibili; ergo, a simili, angelus, quia est indivisibilis, non potest esse in divisibili.

Item, cum angelus sit indivisibilis, probabilius videtur quod sit in puncto, quod est indivisibile, quam in spatio. Sed non potest esse in puncto, quia nec anima in puncto corporis est; ergo multominus potest esse in spatio.

cette déduction n'est pas valable, car selon le Philosophe au IVe livre de la *Physique*[1], c'est par son mouvement qu'une chose est dans le temps.

QUESTION II

ON DEMANDE SI L'ANGE EST DANS L'ESPACE OU DANS
UN INDIVISIBLE DE L'ESPACE, COMME DANS UN POINT

<Arguments contre la thèse énoncée>

Deuxièmement, on demande si l'ange est dans l'espace ou dans un indivisible de l'espace, comme dans un point. Je montre qu'il n'est pas dans l'espace.

Selon le Philosophe, au Ier livre du traité *De l'âme*[2], les choses dont le lieu est indivisible sont elles-mêmes indivisibles; par conséquent, et de manière similaire, les choses indivisibles ne possèdent pas un lieu divisible. Or l'ange est indivisible, alors que tout espace est divisible. L'ange n'est donc pas dans l'espace <divisible>.

De plus, puisqu'il est divisible, un corps ne peut pas être dans quelque chose d'indivisible. Par conséquent, et de manière similaire, en tant qu'indivisible l'ange ne peut pas être dans quelque chose de divisible.

De plus, étant donné que l'ange est indivisible, il semble plus probable qu'il soit dans un point, qui est indivisible, plutôt que dans l'espace. Or il ne peut pas être dans un point, car l'âme n'est pas non plus dans un point du corps. Il s'ensuit que l'ange peut d'autant moins se trouver dans un espace <indivisible>.

---

1. *Cf.* Aristote, *Physique*, IV, 12, 220b32 – 221a9.
2. Aristote, *De l'âme*, I, 4, 409a24-25.

Item, quod est in spatio non est in loco intelligibiliter, sed imaginabiliter; sed secundum Damascenum in I libro, capitulo 13, angelus dicitur esse in loco quia adest intelligibiliter; ergo angelus non est in spatio.

<Contra>

Contra. Secundum Damascenum, I libro, capitulo 13, angelus est ubi operatur; sed immediate operatur in qualibet parte alicuius spatii; ergo videtur quod angelus est in aliquo spatio toto.

Item anima, quae minus simplex est quam angelus, propter sui simplicitatem est in qualibet parte corporis sui tota, quamvis per modum formae; ergo multofortius angelus, cum sit simplicior, potest esse in aliquo corpore, ita quod in qualibet parte totius, quamvis non per modum formae.

<Responsio>

328a Respondeo quod angelus est in corporali spatio, ita tamen quod illius spatii, | cuilibet parti simul potest esse praesens, est dare terminum in maius, non tamen in minus; et cum angelus non sit dimensionatus, non est ita praesens spatio quod una pars angeli sit praesens [et] uni parti spatii et alia pars angeli sit praesens alii parti spatii. Unde nec commensuratur spatio, nec conscribitur spatio, sed ita praesens est spatio toti, quod totus praesens est cuilibet parti ipsius spatii.

En outre, ce qui est dans l'espace n'est pas dans un lieu de manière intelligible, mais imaginable. Or, selon Damascène au Iᵉʳ livre, chapitre 13 [1], l'ange est dit être dans un lieu, car il y est présent de manière intelligible. L'ange n'est donc pas dans l'espace.

<Arguments en faveur de la thèse énoncée>

En sens contraire. Selon Damascène, au Iᵉʳ livre, chapitre 13 [2], l'ange est là où il opère ; or il opère de manière immédiate dans chaque partie de l'espace <où il se trouve> ; il semble donc que l'ange soit dans un <tel> espace tout entier.

De plus, en raison de sa simplicité, l'âme, qui est moins simple que l'ange, est tout entière dans chaque partie de son corps, bien qu'elle y soit en tant que forme. Par conséquent, et à plus forte raison, l'ange, qui est plus simple, peut être dans un corps de sorte à être dans chaque partie du tout, bien qu'il n'y soit pas en tant que forme.

<Réponse>

Je réponds que l'ange est dans l'espace corporel, mais de sorte à pouvoir être présent simultanément à chacune des parties de l'espace, | et qu'ainsi revienne à cet espace **328a** une limite supérieure, et non inférieure. Et puisque l'ange ne possède pas de dimensions, il n'est pas présent à l'espace de manière qu'une partie de l'ange soit présente à une partie de l'espace et une autre partie à une autre partie de l'espace. Pour cette raison, il n'est pas commensurable à l'espace, ni circonscrit par un espace, mais il est présent à l'espace tout entier de manière à être présent tout entier à chaque partie de cet espace.

---

1. Jean Damascène, *La foi orthodoxe*, § 13 (I, 13), vol. I, p. 209.
2. *Ibid.*

Ad cuius intelligentiam, debes scire quod est considerare quadruplicem simplicitatem, scilicet simplicitatem negativam magnitudinis – sicut est simplicitas puncti, qui nec est extensus, nec natus extendi – et simplicitatem magnitudinis privativam – et talis esset simplicitas substantiae corporeae si per divinam potentiam esset a dimensionibus separata : tunc enim nata esset extendi, non extensa. Et <est> simplicitatem immensitatis spiritualis positivam, et haec est Dei simplicitas : simul enim habet simplicitatem et immensitatem, ita quod sua simplicitas in eo est ratio immensitatis. Et <est> simplicitatem positivam alicuius spiritualis magnitudinis, in infinitum tamen deficientis ab immensitate – et haec est simplicitas spiritus creati, sicut animae et angeli. Quia ergo simplicitas angeli est positiva spiritualis magnitudinis, finitae tamen, quam dicere possumus aliquam longinquam et debilem divinae immensitatis imitationem, ideo ratione huius positivae spiritualis magnitudinis ita potest esse praesens alicui spatio toti simul, quod tamen propter simplicitatem erit in qualibet parte totius.

<Ad rationes in oppositum>

Ad primum in oppositum, cum dicitur quod quorum locus est indivisibilis, et ipsa sunt indivisibilia, etc., dico quod verum est, quia divisibile non potest esse in indivisibili ; sed ex hoc non sequitur quod indivisibile non possit esse in divisibili, propter hoc, quia est quoddam indivisibile cuius simplicitas ponit magnitudinem spiritualem ; et talis est indivisibilitas spirituum. Ex hoc patet responsio ad secundum.

Pour comprendre cela, tu dois savoir qu'il faut considérer quatre types de simplicité : la simplicité négative, <qui signifie la négation> de toute grandeur, comme la simplicité du point, qui n'est ni étendu, ni apte à être étendu. Il y a aussi la simplicité privative, <qui signifie la privation> de toute grandeur : telle serait la simplicité de la substance corporelle si par la puissance divine elle était séparée de toute dimension ; alors, en effet, elle serait apte à être étendue, mais ne serait pas étendue. Et il y a la simplicité positive de l'immensité spirituelle, à savoir la simplicité de Dieu, qui possède simultanément la simplicité et l'immensité de sorte qu'en lui sa simplicité est la raison de son immensité. Il y a enfin la simplicité positive qui indique une certaine grandeur spirituelle, à laquelle cependant l'immensité fait infiniment défaut : c'est la simplicité de l'esprit créé, comme les âmes et les anges. Par conséquent, étant donné que la simplicité de l'ange est la simplicité positive d'une grandeur spirituelle finie – que nous pouvons considérer comme une certaine imitation éloignée et faible de l'immensité divine –, en raison de cette grandeur spirituelle positive, <l'ange> peut être présent simultanément à un espace tout entier, ainsi qu'à chacune de ses parties, en raison de sa simplicité.

<Réponses aux objections>

À la première objection, lorsqu'on dit que les choses dont le lieu est indivisible sont elles-mêmes indivisibles, etc., je dis que cela est vrai, car le divisible ne peut pas être dans l'indivisible ; il ne s'ensuit pas pour autant que l'indivisible ne puisse pas être dans le divisible, car il existe un certain indivisible dont la simplicité désigne une grandeur spirituelle : telle est l'indivisibilité des esprits. À partir de cela, la réponse à la deuxième objection est claire.

Ad tertium, dicendum quod argumentum transcendens est. Si enim valeret argumentum, sequeretur angelum nusquam esse, quia si est alicubi, oportet quod sit in divisibili vel in indivisibili. Dicunt ergo aliqui quod non est in indivisibili, quia indivisibile non est locus. Unde, cum dicitur quod probabilius videtur quod indivisibile sit in puncto quam in spatio, dicunt quod non est verum de indivisibili habente spiritualem magnitudinem essentiae, cuiusmodi indivisibile est angelus. Alii dicunt quod, non obstante quod punctus non sit locus, angelus potest esse in puncto propter simplicitatem eius; quamvis enim non sit nusquam, non tamen oportet quod sequatur legem loci. Nec potest dici quod ad existendum in puncto requiratur summa | simplicitas, quia nec punctus summe simplex est. Quod autem dicebas animam non esse in corporis puncto, dico quod non est simile, quia anima est in corpore sicut est forma; sed punctus non est corpus, nec corporis pars, et ideo non sic potest dici esse in quolibet puncto sui corporis sicut est in qualibet parte sui loci et in quolibet indivisibili eius, quando est a corpore separata.

328b

À la troisième objection il faut répondre que l'argument n'est pas pertinent. En effet, si l'argument était valable, il s'ensuivrait que l'ange n'est nulle part, car s'il est quelque part, il faut qu'il soit dans un lieu divisible ou dans un lieu indivisible. Certains[1] disent qu'il n'est pas dans un lieu indivisible, car l'indivisible n'est pas un lieu; ainsi, lorsqu'on dit qu'il semble plus probable qu'un indivisible soit dans un point plutôt que dans l'espace, ils disent que cela n'est pas vrai de l'indivisible qui possède une grandeur spirituelle propre à son essence : or l'ange est un indivisible de cette sorte. D'autres[2] disent que l'ange peut être dans un point en vertu de sa simplicité, malgré le fait que le point ne soit pas un lieu; en effet, bien que l'ange ne soit pas nulle part, il ne faut pas pour autant qu'il soit soumis à la loi du lieu. Par ailleurs, on ne peut pas dire que pour être situé dans un point la plus grande | simplicité soit **328b** requise, car le point n'est pas non plus absolument simple. Or, à propos de ce que tu disais, à savoir que l'âme n'est pas dans un point du corps, je dis que ce n'est pas la même chose, car l'âme est dans le corps comme sa forme, alors que le point n'est ni un corps ni une partie du corps. Par conséquent, on ne peut pas dire que l'âme est dans chaque point de son corps à la manière dont elle est dans chaque partie de son lieu et dans chacun des <points> indivisibles de celui-ci, lorsqu'elle est séparée du corps.

À la quatrième objection il faut répondre que Damascène dit que l'ange est dans le lieu de manière intelligible pour

1. *Cf.* Bonaventure, *In II Sententiarum*, d. II, p. II, q. 3, éd. cit., p. 81 ; Thomas d'Aquin, *Summa theologiae*, I, q. 52, a. 2, p. 25 ; Gilles de Rome, *In I Sententiarum*, d. 37, p. I, princ. I, q. 2, Venetiis 1521, f. 195rb-va ; Matthieu d'Aquasparta, *Quaestiones disputatae de anima separata*, q. II, ad 8, éd. cit., p. 35 (*supra*, p. 141) et q. III, ad 1, éd. cit., p. 49.

2. *Cf.* Henri de Gand, *Quodlibet* II, q. IX, éd. cit., p. 62-63 et *supra*, p. 65.

Ad quartum, dicendum quod Damascenus dicit angelum esse in loco intelligibiliter ad ostendendum quod non est in loco circumscriptibiliter, et quia, quamvis spatium in quo est angelus sit imaginabile, ipsum tamen angelum esse in eo, et modus quo existit in eo, non apprehenditur imaginatione, sed ratione.

QUAESTIO 3
UTRUM ANGELUS POSSIT
SIMUL ESSE IN PLURIBUS LOCIS

<Quod sic>

Tertio quaeritur utrum angelus possit simul esse in pluribus locis. Et videtur quod sic. Hugo, in VI libro *De sacramentis*, parte 1, capitulo 11, dicit quod Deus potest facere unum corpus in diversis locis esse localiter; ergo, a simili, videtur quod possit facere unum angelum simul in diversis locis.

Item, Ricardus in libro VI *De trinitate*, capitulo penultimo, dicit quod in duobus sapientibus una est sapientia; ergo, a simili, unus angelus potest simul esse in duobus locis.

montrer qu'il n'est pas dans un lieu de manière à y être circonscrit. Par ailleurs, bien que l'espace dans lequel l'ange se trouve puisse être imaginé, le fait que l'ange se trouve en lui, ainsi que la façon dont il s'y trouve, ne sont pas connus par l'imagination, mais par la raison.

QUESTION III

ON DEMANDE SI UN ANGE PEUT
SE TROUVER SIMULTANÉMENT EN PLUSIEURS LIEUX

<Arguments en faveur de la thèse énoncée>

Troisièmement, on demande si un ange peut se trouver simultanément en plusieurs lieux. Et il semble qu'il en soit ainsi. Au VIe livre du traité sur *Les Sacrements*, partie 1, chapitre 11 [1], Hugues dit que Dieu peut faire en sorte qu'un corps se trouve localement en différents lieux ; aussi, par analogie, il semble qu'il puisse faire en sorte qu'un ange se trouve simultanément dans des lieux différents.

De même, au VIe livre du traité sur *La Trinité* [2], à l'avant-dernier chapitre, Richard dit qu'en deux sages la sagesse est une seule ; dès lors, par analogie, un ange peut se trouver simultanément en deux lieux <différents>.

1. Hugues de Saint-Victor, *De sacramentis christianae fidei*, l. II, p. 8, c. 11, éd. cit., p. 408-409.

2. Richard de Saint-Victor, *De Trinitate*, l. VI, c. XXIV, éd. J. Ribaillier, Paris 1958, p. 263-264.

Item, dicitur in legenda beati Martini quod beatus Ambrosius, dum celebrabat missam Mediolani, obdormivit super altare coram populo et, excitatus a clericis, dixit se praebuisse obsequium funeri beati Martini; ergo simul et semel fuit in duobus locis; ergo multo fortius angelus potest simul esse in pluribus locis.

Item, Augustinus in libro XVIII *De civitate Dei*, capitulo 19, vult quod homine dormiente, et vivo remanente, phantasticum eius, veluti communicatum in alicuius animalis effigie, quandoque apparet sensibus alienis; quod esse non posset nisi illud phantasticum simul esset in corpore dormientis et praesens sensibus alicuius; cum ergo angelus minus sit limitatus quam phantasticum hominis, simul esse potest in pluribus locis.

Item, aqua et aer sunt duo loca; sed angelus simul potest esse in aliqua parte aquae et in aliqua parte aeris, qui simul iunctae non constituunt maius spatium quam illud cui immediate potest suam essentiam applicare; ergo potest in duobus locis simul esse.

De même, dans la légende du bienheureux Martin [1], on raconte que le bienheureux Ambroise, alors qu'il célébrait la messe à Milan, s'endormit sur l'autel devant l'assemblée. Réveillé par les clercs, il déclara qu'il avait rendu hommage au bienheureux Martin lors de ses funérailles : il se trouva donc simultanément et en une fois en deux lieux ; il s'ensuit, à plus forte raison, qu'un ange peut se trouver simultanément en plusieurs lieux.

De même, au livre XVIII de *La Cité de Dieu*, chapitre 19 [2], Augustin soutient que lorsqu'un homme dort et demeure vivant, le produit de son imagination apparaît parfois aux facultés sensitives d'autrui, comme s'il avait été transmis sous les traits d'un animal ; or cela ne pourrait se produire si son imagination n'était pas présente simultanément dans le corps du dormeur et aux sens de quelqu'un d'autre. Aussi, puisque l'ange est moins limité que l'imagination d'un être humain, il peut se trouver simultanément en plusieurs lieux.

De même, l'eau et l'air sont deux lieux ; or un ange peut se trouver simultanément dans une partie d'eau et dans une partie d'air qui, jointes l'une à l'autre, ne constituent pas un espace plus grand que celui auquel son essence peut s'appliquer de manière immédiate ; il peut donc se trouver simultanément en deux lieux.

<Arguments contraires>

En sens contraire. Au IIᵉ livre, chapitre 3 [3], Damascène dit que lorsque les anges sont dans le ciel, ils ne sont pas

---

1. *Cf.* Grégoire de Tours, *De miraculis Sancti Martini*, I, 5 (PL 71, 918C-919B) ; Jacques de Voragine, *Legenda aurea*, c. 166, éd. T. Graesse, Leipzig 1850, p. 749 (trad. de J.-B. Roze, *La légende dorée*, II, Paris, 1967, p. 345).

2. Augustin, *La Cité de Dieu*, l. XVIII, c. 19, § 2 (BA 36, p. 536-539).

3. *Cf.* Jean Damascène, *La foi orthodoxe*, § 17, (II, 3), vol. I, p. 229.

<Contra>

Contra. Damascenus in II libro, capitulo 3, dicit quod angeli, cum sint in coelo non sunt in terra, <et> cum ad terram a Deo mittuntur, non remanent in coelo; ergo videtur quod non possint simul esse in pluribus locis.

Item, Damascenus in I libro, capitulo 2, dicit quod angelus non potest secundum idem in diversis locis operari; sed ubicunque est angelus, ibi secundum idem operari potest; ergo non potest simul esse in diversis locis.

<Responsio>

329a | Respondeo quod unus angelus non potest simul esse in diversis locis, saltem per operationem cuiuscunque virtutis creatae. In praecedenti enim quaestione habitum est quod spatii, cui toti simul potest angelus se facere praesentem, est dare terminum in maius. Quod verum non esset si angelus posset virtute propria simul esse in diversis locis, quia a qua ratione posset esse in pluribus per unam leucam distantibus a se invicem, pari ratione posset esse in quibuscunque distantibus; sed hoc maius esset quam esse in uno loco quantumcumque magno. Si autem quaeras causam dicti, dico quod talis est natura existentiae rei limitatae in loco, ut res illa diffiniatur suo loco; sed non diffiniretur suo loco si existens in illo simul posset esse

sur la terre et que lorsqu'ils sont envoyés par Dieu sur la terre, ils ne sont pas dans le ciel ; il semble donc qu'ils ne puissent pas être simultanément en plusieurs lieux.

De plus, au Ier livre, chapitre 2[1], Damascène dit qu'un ange ne peut pas agir dans différents lieux sous le même rapport, mais qu'il le peut là où il se trouve, où qu'il soit ; il ne peut donc pas être dans différents lieux à la fois.

<Réponse>

| Je réponds qu'un ange ne peut pas se trouver **329a** simultanément en différents lieux, du moins pas par l'opération d'une puissance créée. Dans la question précédente[2], il a été dit qu'il y a une limite supérieure de l'espace tout entier auquel l'ange peut se rendre présent simultanément – ce qui ne serait pas vrai si l'ange pouvait, par sa puissance propre, se trouver simultanément en divers lieux ; la même raison qui lui permettrait d'être en plusieurs lieux éloignés les uns des autres d'une lieue lui permettrait en effet d'être aussi dans des lieux éloignés selon n'importe quelle distance ; or ce serait quelque chose de plus que d'être dans un seul lieu, aussi grand fût-il. Et si tu demandes quelle est la raison de ce qui a été dit, je réponds que la nature de l'existence d'une chose limitée dans le lieu est telle que la chose est définie par son lieu ; mais elle ne serait pas définie par son lieu si, alors qu'elle est présente en lui, elle pouvait être simultanément

---

1. Cf. *ibid.*, p. 229-231.
2. Cf. *supra*, q. 2, p. 175.

in alio. Et est hoc ita per se notum, quod non videtur posse probari ex notioribus. Ex quo enim locus angeli est maximum spatium cui toti simul potest essentiam suam immediate applicare, ponere quod in duobus talibus spatiis simul esse possit propria virtute, statim videtur includere contradictionem.

<Ad rationes in oppositum>

Ad primum, dicendum quod non plus concludit nisi quod Deus posset facere unum angelum simul in diversis locis. Hic autem non est quaestio de eo quod fieri potest divina virtute supernaturaliter, sed de hoc quod angelus sua virtute potest facere.

Ad secundum, dicendum quod auctoritas Richardi, ad hoc quod habeat virtutem, exponi debet de sapientia increata, quae, quia limitata non est, potest simul in pluribus esse.

Ad tertium, dicendum quod illud quod refertur de beato Ambrosio in praedicta hystoria factum fuit supernaturaliter divina virtute. Vel potest dici quod in veritate nec corpus beati Ambrosii, nec eius anima interfuit illae sepulturae, sed forte fuit aliquis angelus apparens in specie sancti Ambrosii, et dum illud factum fieret, videbatur, sancto Ambrosio soporato, quod illi sepulturae interesset.

dans un autre. Cette raison est si manifeste en elle-même qu'elle ne saurait être prouvée à partir de principes plus évidents. En effet, à partir du moment où le lieu d'un ange est l'espace le plus grand auquel tout entier il peut appliquer son essence de manière simultanée et immédiate, prétendre qu'il puisse être, par sa propre puissance, présent simultanément en deux espaces de cette sorte impliquerait une contradiction.

<*Réponses aux arguments contraires*>

Au premier argument il faut répondre qu'il permet de conclure uniquement que Dieu pourrait faire en sorte qu'un ange soit simultanément en divers lieux. Or la question présente ne porte pas sur ce qui peut arriver de manière surnaturelle par la puissance divine, mais sur ce que l'ange peut faire par sa puissance propre.

Au deuxième argument il faut répondre que l'autorité de Richard n'a de force que si elle est comprise par rapport à la sagesse incréée, laquelle, n'étant pas limitée, peut se trouver simultanément en plusieurs <individus>.

Au troisième argument il faut répondre que ce que l'on relate au sujet du bienheureux Ambroise dans cette légende est arrivé de manière surnaturelle par la puissance divine. On peut dire aussi qu'en vérité ni le corps du bienheureux Ambroise ni son âme n'étaient présents à cette sépulture, mais que probablement un ange apparut sous les traits de saint Ambroise et, alors que cela se produisait, saint Ambroise endormi avait l'impression d'assister à cette sépulture.

Ad quartum, dicendum quod illud quod dicit Augustinus de phantastico hominis non est intelligendum ita quod realiter exeat, homine dormiente; sed quia aliquando contingit quod homo somniat se esse praesentem alieno conspectui, et dum hoc somniat, aliquis spiritus in specie illius hominis apparet illi in cuius conspectu ille homo dormiens se somniat esse praesentem.

Ad quintum, dicendum quod si angelus est in parte aeris et in parte aquae simul, quae simul iunctae non constituunt maius spatium quam sit maximum spatium cui toti angelus immediate potest applicare suam essentiam et virtutem, illae duae partes respondent angelo pro uno loco.

QUAESTIO 4
UTRUM PLURES ANGELI POSSINT
SIMUL ESSE IN EODEM LOCO

<Quod sic>

Quarto quaeritur utrum plures angeli possint simul esse in eodem loco. Et videtur quod sic, quia corpus glorificatum
329b simul potest esse cum corpore | non glorificato; ergo, a simili, angelus beatus cum angelo malo.

Item, angeli simul sunt cum Deo, qui est spiritus immensus; ergo videtur quod multo fortius unus angelus possit simul esse cum alio angelo.

Au quatrième argument il faut répondre que ce qu'Augustin[1] dit de l'imagination humaine ne doit pas être compris dans le sens où la chose imaginée sortirait réellement de l'homme pendant qu'il dort ; tout au plus, il arrive parfois que l'homme rêve d'être en présence d'autrui et que pendant qu'il fait ce rêve, un esprit lui apparaisse sous les traits de l'individu auquel l'homme qui dort rêve d'être présent.

Au cinquième argument il faut répondre que si un ange se trouve simultanément dans une partie d'air et dans une partie d'eau, lesquelles, jointes l'une à l'autre, ne constituent pas un espace plus grand que l'espace maximal auquel tout entier l'ange peut appliquer immédiatement son essence et sa puissance, ces deux parties correspondent pour l'ange à un seul lieu.

QUESTION IV

ON DEMANDE SI PLUSIEURS ANGES PEUVENT
SE TROUVER SIMULTANÉMENT DANS LE MÊME LIEU

<Arguments en faveur de la thèse énoncée>

Quatrièmement, on demande si plusieurs anges peuvent se trouver simultanément dans le même lieu. Et il semble qu'il en est ainsi, car un corps glorifié et un corps non glorifié peuvent se trouver en même temps <dans le même lieu> ; | par analogie, un ange bienheureux pourra donc se **329b** trouver <dans le même lieu> qu'un ange mauvais.

De même, les anges sont avec Dieu, qui est un esprit immense ; il semble donc, à plus forte raison, qu'un ange puisse se trouver <dans le même lieu> qu'un autre ange.

---

1. Augustin, *La Cité de Dieu*, l. XVIII, c. 19, § 2 (BA 36, p. 536-539).

Item, corpus magis replet locum quam spiritus. Sed unus angelus simul potest esse cum corpore in eodem loco; ergo multo fortius cum alio angelo.

Item, anima est in qualibet parte corporis tota. Sed malus spiritus aliquando subintrat humanum corpus, ergo simul est cum anima in eodem loco; ergo, a simili, unus angelus potest esse simul cum alio.

Item, angelus non replet locum; ergo existentia unius angeli in loco non potest praestare impedimentum quin alius angelus simul possit esse cum eo in eodem loco. Unde, <in evangelio> Marci V legitur quod in quodam obsesso erat legio daemonum; ergo erant ibi 6666 daemones, quod non videtur fuisse possibile nisi plures fuissent in eodem loco.

Item, duo puncta manentia distincta possunt simul esse. Quod patet, <quia> si aliquod corpus summe sphaericum tangeret aliquod corpus summe planum, in puncto enim tangeret; et punctus signatus in corpore sphaerico simul esset cum puncto signato in plano, et econverso. Cum ergo angelus sit indivisibilis, plures possunt simul esse in eodem loco.

Item, plures species intelligibiles simul sunt in eodem intellectu; ergo, a simili, plures angeli, cum sint res intelligibiles, simul possunt esse in eodem loco.

De même, un corps remplit un lieu davantage qu'un esprit; or un ange peut être simultanément dans le même lieu qu'un corps; il s'ensuit qu'à plus forte raison il peut partager un même lieu avec un autre ange.

De même, l'âme se trouve tout entière dans chaque partie du corps; or un esprit mauvais s'introduit parfois dans le corps humain : il se trouve donc simultanément avec l'âme au même endroit; il s'ensuit, par analogie, qu'un ange peut se trouver simultanément <dans le même lieu> qu'un autre ange.

De même, un ange ne remplit pas le lieu; l'existence d'un ange en un lieu ne peut donc pas constituer un obstacle à ce qu'un autre ange puisse se trouver simultanément dans le même lieu. C'est pourquoi, dans l'*Évangile de Marc*, au chapitre 5 [1], on lit que dans un possédé il y avait une légion de démons : il y avait donc en lui 6666 démons, ce qui ne semble possible que si plusieurs étaient dans le même lieu.

De même, deux points qui demeurent distincts peuvent être ensemble, comme il ressort de ce qui suit : si un corps parfaitement sphérique touchait un corps parfaitement plat, il le toucherait en un point, et ce point appartenant au corps sphérique coïnciderait avec le <même> point appartenant au corps plat. Par conséquent, puisque l'ange est indivisible, plusieurs <anges> peuvent se trouver ensemble dans le même lieu.

De plus, plusieurs espèces intelligibles se trouvent simultanément dans le même intellect; il s'ensuit, par analogie, qu'en tant que réalités intelligibles plusieurs anges peuvent se trouver simultanément dans le même lieu.

---

1. *Évangile de Marc*, 5, 9-15.

<Contra>

Contra. Sicut se habet corpus ad locum circumscriptive, ita se habet angelus ad locum diffinitive; sed secundum Philosophum, IV *Physicorum*, duo corpora non possunt simul esse in eodem loco circumscribente; ergo nec duo angeli in eodem loco diffiniente.

Item, Damascenus I libro, capitulo 5, probat non posse esse plures deos per hoc, quod ubi esset unus, non esset alter, et ita neuter eorum esset ubique; a simili videtur quod nec duo angeli possint simul esse in eodem loco.

<Responsio>

Respondeo quod plures angeli non possunt esse simul in eodem loco virtute creata, quia quaecunque simul sunt in eodem loco, oportet quod unum penetret aliud. Unde, si duo corpora simul sunt in eodem loco, oportet quod unum penetret aliud. Ita dico quod si duo angeli simul essent in eodem loco, unus alium penetraret. Sed nullus spiritus virtute creata potest alium spiritum penetrare, et ideo duo angeli virtute creata in eodem loco proprio non possunt simul esse.

<Arguments contraires>

En sens contraire. De même que le corps se rapporte au lieu de manière à y être circonscrit, de même l'ange se rapporte au lieu de manière à y être délimité ; or, selon le Philosophe au IVe livre de la *Physique*[1], deux corps ne peuvent pas se trouver simultanément dans un même lieu qui les circonscrit ; par conséquent, deux anges ne peuvent pas non plus se trouver dans un même lieu qui les délimite.

De plus, au Ier livre, chapitre 5[2], Damascène prouve qu'il ne peut pas y avoir plusieurs dieux du fait que là où il y en aurait un, il n'y en aurait pas un autre, si bien qu'aucun d'eux ne serait partout. De manière similaire, il apparaît que deux anges ne pourraient pas non plus être simultanément dans le même lieu.

<Réponse>

Je réponds que plusieurs anges ne peuvent pas se trouver simultanément dans le même lieu en vertu d'une puissance créée, car quelles que soient les choses qui se trouvent en même temps dans le même lieu, il faut que l'une pénètre l'autre. Par conséquent, si deux corps se trouvent simultanément dans le même lieu, il faut que l'un pénètre l'autre. De la même manière, je dis que si deux anges se trouvaient simultanément dans le même lieu, l'un pénétrerait l'autre. Or aucun esprit ne peut, par une puissance créée, s'introduire dans un autre esprit ; pour cette raison, deux anges ne peuvent pas, par une puissance créée, se trouver en même temps dans un même lieu qui soit propre à chacun d'eux.

---

1. Aristote, *Physique*, IV, 1, 209a6-7 et IV, 3, 210b18-19 ; *De l'âme*, II, 7, 418b17.
2. Jean Damascène, *La foi orthodoxe*, § 5, (I, 5), vol. I, p. 155.

<Ad rationes in oppositum>

Ad primum in oppositum, dicendum, secundum aliquos, quod corpus glorificatum non potest esse cum corpore non glorificato virtute creata, sed virtute increata, qua etiam virtute posset spiritus bonus simul esse cum spiritu | malo, si Deus vellet. Sed quia ex decreto divinae sententiae assistit divina virtus ad faciendum corpus glorificatum simul esse cum corpore non glorificato ad voluntatem animae perficientis illud corpus, et ordinavit providentia divina quod anima quandoque illud velit, ideo dicunt corpus glorificatum simul posse esse cum corpore non glorificato. Divina autem providentia non ordinavit quod angelus bonus simul velit esse cum angelo malo. Alii dicunt quod angelus beatus virtute beatitudinis suae posset se facere cum angelo non bono, si vellet; sed Deus ordinavit quod hoc nolit, quia non decet.

Ad secundum, dicendum quod ratio quare angeli simul sunt cum Deo est quia Deus eis illabitur. Unus autem angelus alii illabi non potest.

Ad tertium, dicendum quod non est mirum si angelus potest esse simul in eodem loco cum corpore, non tamen cum alio angelo, quia angelus potest penetrare corpus et non potest alium angelum penetrare.

Ad quartum, dicendum quod, quamvis malus spiritus aliquando subintret corpus, non tamen simul est cum anima, quia malus angelus, cum subintrat

330a

<Réponses aux arguments contraires>

Au premier argument contraire il faut répondre, selon certains [1], qu'un corps glorifié ne peut pas coexister avec un corps non glorifié en vertu d'une puissance créée, mais que cela est possible en vertu d'une puissance incréée, par laquelle un esprit bon pourrait aussi coexister avec un esprit | mauvais, si Dieu le voulait. Cependant, puisque **330a** par décret divin la puissance divine concourt à ce qu'un corps glorifié coexiste avec un corps non glorifié, selon la volonté de l'âme qui perfectionne ce corps, et que la providence divine a ordonné que l'âme le voulût parfois, ils disent qu'un corps glorifié peut se trouver au même endroit qu'un corps non glorifié. La providence divine n'a toutefois pas ordonné qu'un ange bon voulût coexister avec un ange mauvais. D'autres disent qu'en raison de sa béatitude, un ange bienheureux pourrait, s'il le voulait, coexister avec un ange qui n'est pas bon. Or Dieu a disposé l'ange à ne pas le vouloir, car ce ne serait pas convenable.

Au deuxième argument il faut répondre que la raison pour laquelle les anges sont avec Dieu est que Dieu se rend présent en eux. Or un ange ne peut pas s'introduire dans un autre ange.

Au troisième argument il faut répondre qu'il n'est pas étonnant qu'un ange puisse se trouver simultanément dans le même lieu qu'un corps, mais non dans le même lieu qu'un autre ange, car un ange peut pénétrer un corps, mais pas un autre ange.

Au quatrième argument il faut répondre qu'un esprit mauvais, bien qu'il puisse parfois s'introduire dans un corps, ne s'y trouve cependant pas en même temps que l'âme. En effet, un ange mauvais qui s'introduit dans

---

1. *Cf.* Thomas d'Aquin, *In IV Sententiarum*, d. XLIV, q. II, a. II, Parmae 1858, p. 1092b.

hominem, non est praesens per substantiam in aliqua parte corporis humani, sed vel in humoribus, vel in vacuis ipsius corporis, qui humores vel quae vacuitates ab essentia animae non perficiuntur – et voco hic vacuitatem concavitatem non infra quam nihil est, quia non est ponere vacuum, sed infra quam non est nisi aer vel vapor subtilis, secundum vulgarem modum loquendi quo dicitur quod vas est vacuum, in quo nihil est nisi aer vel vapor subtilis.

Ad quintum, patere potest solutio ex his quae dicta sunt in corpore quaestionis. Ratio enim quare plures angeli non possunt esse simul non est quia locus repleatur ab angelo sicut a corpore, sed quia unus angelus virtute creata non potest penetrari ab alio.

Ad sextum, dicendum quod illi multi demones existentes in eodem corpore humano non erant in eodem loco primo, sed quilibet per se erat in una parte illius corporis ; sicut enim dictum est supra, quamvis spatium in quo toto potest esse angelus immediate habeat terminum in maius, non tamen habet terminum in minus ; sed quodlibet continuum potest dividi sine fine.

Ad septimum, cum dicitur quod duo puncta possunt simul esse, etc., dicunt aliqui quod non est verum nisi negative, inquantum potest contingere quod inter ea nihil sit medium, sed non potest contingere quod duo puncta

un homme n'est pas présent par sa substance dans une quelconque partie du corps humain, mais il se trouve dans les humeurs ou dans les parties vides de ce corps, lesquelles ne sont pas perfectionnées par l'essence de l'âme – et je n'appelle pas ici vide la concavité à l'intérieur de laquelle il n'y a rien, car il ne faut pas poser l'existence du vide, mais celle à l'intérieur de laquelle il n'y a que de l'air ou de la vapeur subtile, selon le mode d'expression ordinaire qui fait dire qu'est vide le vase dans lequel il n'y a que de l'air ou de la vapeur subtile.

À partir de ce qui a été dit dans la réponse à la question, la solution du cinquième argument est claire. En effet, la raison pour laquelle plusieurs anges ne peuvent se trouver simultanément dans le même lieu n'est pas que l'ange remplit le lieu à la manière d'un corps, mais qu'un ange ne peut pas, par une puissance créée, pénétrer un autre <ange>.

Au sixième argument il faut répondre que ces nombreux démons se trouvant dans le même corps humain n'étaient pas tous en premier dans le même lieu, mais que chacun se trouvait par soi dans une partie de ce corps. En effet, comme il a été dit auparavant[1], bien que l'espace tout entier dans lequel l'ange peut se trouver immédiatement comporte une limite supérieure, il ne connaît toutefois pas de limite inférieure <quant à sa grandeur> ; or tout continu peut être divisé sans fin.

Au septième argument, lorsqu'on dit que deux points peuvent être simultanément, etc., certains disent que cela n'est vrai que de manière négative, du fait qu'il peut arriver qu'entre eux il n'y ait aucun lieu intermédiaire ; en revanche, il ne peut pas arriver que deux points

---

1. Cf. *supra*, q. 2, p. 175.

ponantur simul in aliquo tertio puncto. Sed quia videtur aliquibus hoc esse falsum eo quod, si duo lineae applicentur super aliquid planum, puncta terminantia illas lineas

330b | concurrent in eodem puncto quem signabunt in ipso plano – non enim signabunt duo puncta in plano, ut aliqui imaginati sunt, quia secundum quod probat Philosophus, VI *Physicorum*, in eodem continuo inter duo puncta semper est linea media –, ideo videtur eis dicendum quod, quamvis duo puncta possint esse simul, non tamen ex hoc sequitur quod duo angeli possint esse simul, quia punctus est simplex simplicitate negativa, angelus autem simplex est simplicitate spiritualis magnitudinis positiva.

Ad octavum, dicendum quod non est simile de pluribus speciebus intelligibilibus per comparationem ad intellectum et de pluribus angelis per comparationem ad locum. Species enim intelligibiles sunt in intellectu non sicut res per se stantes, sed sicut accidentia in subiecto, secundum Avicennam III libro *Metaphysicae*, capitulo 8. Angeli autem sunt in loco non sicut accidentia in subiecto, sed sicut res per se stantes, supposita Dei influentia generali.

se trouvent simultanément en un troisième point. Cela paraît cependant faux à certains, car si deux lignes sont tracées sur une surface plane, les points qui terminent ces lignes | convergeront vers le même point qu'elles marqueront **330b** sur cette surface – en effet, elles ne marqueront pas deux points sur cette surface, comme certains l'ont imaginé car, selon ce que prouve le Philosophe au VIe livre de la *Physique* [1], il y a toujours une ligne intermédiaire entre deux points du même continu. Pour cette raison, il faut leur répondre que, bien que deux points puissent exister simultanément, il ne s'ensuit pas pour autant que deux anges puissent exister simultanément, car le point est simple en raison d'une simplicité négative, alors que l'ange est simple en raison de la simplicité positive propre à sa grandeur spirituelle.

Au huitième argument il faut dire qu'il n'en va pas de même de plusieurs espèces intelligibles relativement à l'intellect et de plusieurs anges relativement au lieu. En effet, les espèces intelligibles ne sont pas dans l'intellect comme des choses qui subsistent par soi, mais comme des accidents dans un sujet, selon Avicenne au IIIe livre de sa *Métaphysique*, au chapitre 8 [2]. Les anges, au contraire, ne sont pas dans un lieu comme des accidents dans un sujet, mais comme des entités qui subsistent par soi, une fois admise l'influence générale de Dieu.

---

1. Aristote, *Physique*, VI, 1, 231b9-10.
2. Avicenne, *Metaphysica*, l. III, c. 8, éd. cit., p. 163, (trad. cit., p. 194).

PETRUS JOHANNIS OLIVI

QUAESTIONES IN II LIBRUM SENTENTIARUM, QUAESTIO XXXII

PRIMO QUAERITUR AN SUBSTANTIA ANGELI SIT IN LOCO CORPORALI

Quidam enim dicunt quod angeli non sunt in loco nisi solum ratione suae operationis quam faciunt et imprimunt in corporibus mundi, quod est dicere, quod ipsi secundum se non sunt in loco, sed solum operatio ab eis egrediens et in corporibus recepta et manens.

PIERRE DE JEAN OLIVI

QUESTIONS SUR LE IIe LIVRE
DES SENTENCES, QUESTION XXXII

PREMIÈREMENT, ON DEMANDE SI LA SUBSTANCE
DE L'ANGE SE TROUVE DANS UN LIEU CORPOREL *

Certains [1] disent en effet que les anges ne sont dans un lieu qu'en vertu de l'opération qu'ils exercent et impriment dans les corps du monde, ce qui revient à dire qu'ils ne se trouvent pas par eux-mêmes dans un lieu, mais seule l'opération émanant d'eux, reçue dans les corps et y demeurant.

---

* Pour faciliter la compréhension de cette question, nous avons structuré le texte en ajoutant des titres et sous-titres (entre crochets) qui ne figurent pas dans l'édition latine.

1. *Cf.* Thomas d'Aquin, *In I Sententiarum*, d. XXXVII, q. 3, a. 1-3 ; *Summa theologiae* I, q. 52, a. 1-3 ; *Quodlibet* I, q. 3 ; Gilles de Rome, *In I Sententiarum*, d. XXXVII, q. 1 (Reportatio monacensis), éd. C. Luna, *Aegidii Romani Opera omnia* III. 2, Firenze 2003, p. 167-170 ; Godefroid de Fontaines, *Quodlibet* XIII, q. IV, éd. J. Hoffmans, *Philosophes belges*, vol. V, Louvain 1935, p. 215.

Alii vero dicunt quod ipsi secundum se sunt in loco, non tamen dimensionaliter, quia non habent quantitatem corporalem secundum quam possint se commetiri quantitati loci. – Horum tamen quidam moventur ad hoc quibusdam rationibus quae aliis eiusdem positionis defensoribus non placent. Quidam enim ponunt quatuor rationes huius. – Quarum prima est, ut maneat distinctio angelorum inter se, quia, nisi essent in distinctis locis, viderentur esse omnes unus aut sibi illapsi. – Secunda est virtus continendi omnia; quae videtur esse appropriata supremo caelo seu universo corporali. – Tertia est ornatus caelorum; sicut enim stellae sunt in ornatum caeli, sic quodam modo et angeli. – Quarta est dependentia rerum a loco; propter quam nulla videtur posse esse sine loco.

Istae autem rationes multis videntur ridiculosae, quia angeli per suas proprias essentias et per suas proprietates intellectuales sufficienter sunt distincti, unitas autem loci corporalis non tollit hanc distinctionem nec eam facit diversitas locorum; secundum hoc etiam

D'autres[1] disent en revanche que les anges sont par eux-mêmes dans un lieu, mais non selon des dimensions, car ils ne possèdent pas de quantité corporelle par laquelle ils pourraient être mesurés à la quantité du lieu. – Parmi eux, certains ont été amenés à soutenir cette thèse par des arguments qui ne plaisent pas aux autres défenseurs de la même position. Certains[2] avancent en effet quatre raisons en sa faveur. – La première s'attache à maintenir la distinction des anges entre eux <et consiste à dire que> s'ils n'étaient pas dans des lieux distincts, ils seraient tous un seul <ange> ou alors les uns auraient pénétrés les autres. – La deuxième tient à la capacité de contenir toute chose, qui semble propre au ciel le plus élevé ou à l'univers corporel. – La troisième invoque l'ornement des cieux ; en effet, de même que les étoiles servent à orner le ciel, ainsi en est-il, d'une certaine manière, des anges. – La quatrième raison repose sur la dépendance des choses à l'égard du lieu, ce qui fait qu'aucune chose ne semble pouvoir être sans un lieu.

Mais ces raisons paraissent ridicules à plusieurs, car les anges sont suffisamment distincts par leur propre essence et par leurs propriétés intellectuelles ; or l'unité du lieu corporel n'ôte pas cette distinction et la diversité des lieux ne la constitue pas non plus. Par ailleurs, selon cette position,

---

1. Voir notamment Bonaventure, *In II Sententiarum*, d. II, p. II, a. II, q. II, éd. cit., p. 79-80 ; Guillaume de la Mare, *Correctorium fratris Thomae*, éd. P. Glorieux, dans : « *Correctorium corruptorii "Quare", Les premières polémiques thomistes* », Kain 1927, p. 394-395 ; Henri de Gand, *Quodlibet* II, q. IX ; Matthieu d'Aquasparta, *Quaestiones disputatae de anima separata, op. cit.*, q. II.

2. On trouve certaines de ces raisons chez Bonaventure, *In II Sententiarum*, d. II, p. II, a. II, q. I, éd. cit., p. 76-77 et 84, ainsi que chez Matthieu d'Aquasparta, *Quaestiones disputatae de anima separata, op. cit.*, q. II, p. 28 (cf. *supra*, p. 115-117).

572 corpus | gloriosum non posset esse cum altero corpore in eodem loco nec angelus cum corpore, quia si unitas loci necessario infert indistinctionem aut illapsum coexistentium in illo, tunc corpus et spiritus essent idem aut essent sibi mutuo illapsi. – Quod etiam caelum aut quodcunque corpus habeat virtutem contentivam spiritus potius quam e contrario est absurdum, quia quanto aliqua sunt formaliora et superiora, tanto magis competit eis virtus continendi et regendi inferiora. – Quod etiam angeli sint ordinati ad ornandum caelum, acsi ipse ornatus caelorum sit finis eorum, absurdum est, quia caeli et omnia corpora potius sunt ordinata ad intellectualia tanquam ad finem suum. – Non minus etiam absurdum est dicere quod substantiae intellectuales dependeant a rebus vel locis corporalibus, cum omnis dependentia reducatur ad aliquem respectum causalem, ita quod illud a quo alterum dependet habet aliquam causalitatem in id quod ab eo dependet, nisi forte sit dependentia solius mutuae colligantiae secundum quem modum duae partes homogeneae ab invicem dependent; sed secundum hoc locus sequeretur continue angelum et e contrario, sicut pars lapidis sequitur alteram partem.

Istis igitur rationibus exclusis alii moventur propter alias rationes et ultra hoc propter auctoritatem fidei catholicae et Scripturae Sacrae – Rationes autem sumunt ex triplici respectu seu ordine qui necessario est in angelis.

un corps | glorieux ne pourrait pas coexister avec un autre 572
corps dans le même lieu, ni un ange avec un corps, car si
de l'unité du lieu résulte nécessairement l'absence de
distinction ou la compénétration de ceux qui coexistent en
lui, un corps et un esprit seraient alors une même chose
ou l'un aurait pénétré l'autre. – En outre, l'idée que le ciel
ou n'importe quel corps possède la capacité de contenir
l'esprit plutôt que l'inverse est absurde, car les choses
possèdent d'autant plus la capacité de contenir et de régir
les inférieurs qu'elles sont plus formelles et supérieures.
– Il est également absurde de soutenir que les anges sont
ordonnés à orner le ciel, comme si l'ornement des cieux
était leur finalité, car ce sont plutôt les cieux et tous les
corps qui sont ordonnés aux réalités intellectuelles comme
à leur fin. – Par ailleurs, il n'est pas moins absurde d'affirmer
que les substances intellectuelles dépendent des choses ou
des lieux corporels, puisque toute dépendance peut être
ramenée à un rapport causal, de sorte que ce dont une chose
dépend exerce une certaine causalité à l'égard de la chose
qui en dépend, sauf dans le cas d'une dépendance résultant
seulement d'une union réciproque, à la manière dont deux
parties homogènes dépendent l'une de l'autre ; or s'il en
était ainsi, le lieu accompagnerait continuellement l'ange
et inversement, à la manière dont la partie d'une pierre
accompagne l'autre partie.

<La position de l'auteur>

Par conséquent, une fois ces raisons écartées, d'autres [1],
guidés par des raisonnements différents, et de surcroît
par l'autorité de la foi catholique et des Écritures
saintes, fondent leurs arguments sur un triple rapport ou
ordre qui se trouve nécessairement dans les anges.

---

1. Il s'agit d'Olivi lui-même.

– Primus est ordo existendi seu assistendi. – Secundus est ordo agendi aut influendo in extrinsecum patiens aut apprehendendo et volendo obiectum extrinsecus existens. – Tertius est ordo movendi se ipsum.

Ex primo arguitur sic : datis quibuscunque duobus actu existentibus, aut ipsa sunt sibi immediate praesentia aut sunt ab invicem distantia ; ergo dato spiritu et corpore oportet quod vel sibi immediate coassistant aut quod ab invicem distent. Si coassistunt, habeo propositum ; si distant, ergo aut per intermediam corporalem quantitatem, et tunc oportebit spiritum esse praesentialiter in termino distantiae per quam distat, et sic iterum habeo propositum ; 573 aut distabit | per solum intermedium spiritum, ex quo iterum duo sequuntur ex quibus habetur propositum ; primum est quod saltem spiritus intermedius erit praesens illi corpori ; secundum est quod illud quod distat ab altero per solam intermediationem spiritus non distat localiter ab illo, immo est praesens loco eius.

Forte dicetur quod non oportet quod sint sibi praesentia aut distantia, quia haec divisio non est per immediata nisi solum respectu corporum in quibus solis videtur eadem distantia localis. – Sed contra hoc arguitur :

– Le premier est l'ordre de l'exister ou de l'être-là. – Le deuxième est l'ordre de l'agir, soit par l'exercice d'une influence sur quelque chose d'extrinsèque qui la subit, soit par la connaissance et la volonté portant sur un objet qui existe à l'extérieur. – Le troisième est l'ordre de se mouvoir soi-même.

<Première argumentation : l'ordre de l'exister>

À partir du premier ordre on argumente ainsi : étant donné deux choses, quelles qu'elles soient, existant en acte, elles sont soit immédiatement présentes l'une à l'autre, soit éloignées l'une de l'autre ; par conséquent, étant donné un esprit et un corps, il faut qu'ils coexistent immédiatement ou qu'ils soient distants l'un de l'autre. S'ils coexistent, ce qui est recherché est atteint. S'ils sont distants, ils le seront soit du fait qu'une quantité corporelle se trouve entre eux, auquel cas il faudra que l'esprit soit présent au terme de la distance qui cause son éloignement – et alors ce qui est visé est de nouveau atteint ; soit il est distant | seulement du fait qu'un esprit s'interpose, d'où résultent 573 à nouveau deux cas de figure qui permettent d'atteindre ce qui est recherché : dans le premier cas, en effet, l'esprit qui se trouve au milieu sera présent au corps ; dans le second cas, l'esprit qui est éloigné du corps seulement à cause de la présence d'un autre esprit n'en est pas éloigné localement, mais est, au contraire, présent à son lieu.

On objectera peut-être qu'il n'est pas nécessaire qu'ils soient présents ou distants l'un à l'égard de l'autre, car cette distinction <entre ce qui est présent et ce qui est distant> ne se fait de manière immédiate que dans le cas des corps, entre lesquels seulement la distance locale est la même. – Mais à l'encontre de cette objection on argumente ainsi : premièrement, le corps et l'esprit sont sans aucun doute

Primo, quia absque dubio ista videntur esse omnino immediata; unde dicere quod aliqua actu existentia non distant ab invicem videtur idem quod dicere quod sunt sibi immediate praesentia, et eodem modo dicere quod non sunt sibi praesentia videtur idem quod dicere quod ab invicem distant. – Secundo, quia non videtur maior ratio hoc ponere in corporibus inter se quam in aliis entibus, quia distantia intermedia ita parum spectat ad corpora ab invicem distantia sicut et ad alia entia. – Tertio, quia omnia entia creata sunt partes totius universi; ex quo oportet quod habeant ordinem et connexionem ad totum universum et ad omnes partes eius et hoc non sicut quoddam totum omnia in se comprehendens, sicut facit Deus, sed sicut quaedam pars partialiter et particulariter respiciens illa, quamvis superiora habeant quandam totalitatem respectu inferiorum; ergo oportet omnia entia creata habere modum existendi non omnino abstractum et absolutum ab omni respectu et connexione ad cetera entia; sed si angeli habent existentiam omnino abstractam ab omni respectu distantiae et praesentiae ad omnia corpora mundi et e contrario, tunc non videntur inter se habere ordinem et connexionem tanquam partes eiusdem universi. – Quarto, quia existentia Dei est in infinitum abstractior et intellectualior omni existentia angelorum; et tamen Deus secundum suam substantiam est praesens rebus, et certe, si non esset praesens, diceremus quod esset distans. – Quinto, quia in tempore seu in duratione videmus quod est divisio

des choses tout à fait immédiates ; c'est pourquoi affirmer que certaines choses qui existent en acte ne sont pas distantes les unes des autres revient à dire qu'elles sont présentes immédiatement les unes aux autres et, de la même manière, soutenir qu'elles ne sont pas présentes les unes aux autres revient à dire qu'elles sont distantes les unes des autres. – Deuxièmement, il n'y a pas une plus forte raison de l'affirmer au sujet des corps entre eux qu'au sujet des autres étants, car la distance intermédiaire concerne aussi peu les corps distants les uns des autres que les autres étants. – Troisièmement, tous les étants créés sont des parties de l'univers tout entier ; il faut donc qu'ils soient ordonnés et articulés à l'univers tout entier ainsi qu'à chacune de ses parties, non comme un tout qui comprend toutes choses en lui – ce que Dieu fait –, mais comme une certaine partie qui se rapporte à toutes les autres parties de manière partielle et particulière, et ce malgré le fait que les entités supérieures constituent une certaine totalité par rapport aux inférieures. Il faut donc que tous les étants créés possèdent un mode d'exister qui ne soit pas entièrement abstrait et affranchi de tout rapport et de toute connexion aux autres étants ; or si les anges possédaient une existence qui fait totalement abstraction de tout rapport de distance et de présence envers les corps du monde et inversement, il n'y aurait alors entre eux, en tant que parties du même univers, ni ordre ni connexion. – Quatrièmement, l'existence de Dieu est infiniment plus abstraite et intellectuelle que l'existence des anges ; Dieu est pourtant présent aux choses selon sa substance, et s'il n'était pas présent, nous dirions certainement qu'il est distant. – Cinquièmement, dans le temps ou la durée nous voyons qu'il y a une distinction concernant des choses qui coexistent, à savoir qu'elles sont soit simultanées selon la durée, soit présentes ou

per immediata, scilicet quod aut res sunt simul duratione seu sunt sibi praesentes aut distantes secundum prius et posterius; ergo a simili videtur hic esse dicendum.

574 | Ex secundo autem, scilicet ex ordine agendi, arguitur sic : omne agens creatum prius naturaliter habet aspectum praesentialiter protensum et fixum super suum patiens vel super suum obiectum, antequam agat in illud aut antequam apprehendat illud; ergo antequam angelus agat in corporalia vel antequam apprehendat ipsa, prout sunt in suis locis propriis, oportet quod prius aspectus eius sit praesentialiter protensus et fixus in illa; sed hoc est impossibile, nisi substantia in qua ille aspectus formaliter existit sit ibi praesens, ita quod quibusdam illorum assistat immediate, quibusdam vero mediate, aut omnibus immediate. – Item, si angelus secundum se non est praesens alicui corpori, nulla est ratio quare actio ab eo fluens plus fiat in hoc corpore quam in alio. Si enim dicas quod hoc fit a voluntate eius ordinante actionem plus in hoc fieri quam in alio, hoc nihil est, quia suum velle vel nolle nihil facit ad hoc nisi applicando potentiam activam ad patiens; sed applicare non potest, nisi illa potentia fiat praesens patienti. – Item, nulla potentia finita potest immediate et indistanter super infinite distantia, quia omne quod potest

distantes les unes à l'égard des autres selon l'avant et l'après ; par analogie, il faut donc dire la même chose ici.

| <*Deuxième argumentation : l'ordre de l'agir*>   **574**

À partir du deuxième ordre, celui de l'agir, on argumente ainsi : dans tout agent créé il y a, premièrement et par nature, un regard dirigé et fixé sur son patient ou sur son objet, de manière à lui être présent avant d'agir en lui ou de l'appréhender ; par conséquent, avant que l'ange n'agisse dans les choses corporelles ou avant qu'il ne les connaisse en tant qu'elles sont dans leurs lieux propres, il faut que son regard soit d'abord dirigé et fixé sur elles de manière à leur être présent. Cela n'est toutefois pas possible si la substance dans laquelle ce regard existe formellement n'est pas présente <à leurs lieux>, de sorte à être présente immédiatement à certains d'entre eux, de manière médiate à d'autres ou immédiate à tous. – De même, si l'ange n'est pas par lui-même présent à un corps <déterminé>, il n'y a aucune raison que l'action qui émane de lui se produise dans ce corps-ci plutôt que dans un autre. En effet, si tu dis[1] que cela résulte de la volonté de l'ange qui ordonne l'action afin qu'elle s'applique à ceci plutôt qu'à cela, <je dis> qu'il n'en est rien, car son vouloir ou non-vouloir n'y contribue en rien, si ce n'est par l'application de sa puissance active au patient ; or il ne peut l'appliquer si sa puissance n'est pas présente au patient. – De même, aucune puissance finie ne peut agir immédiatement et comme s'il n'y avait pas de distance sur des choses infiniment distantes, car tout ce qui est capable d'agir sur des choses qui se trouvent à des extrémités infiniment éloignées et sur toutes les choses intermédiaires, sans s'y appliquer et sans passer par elles de manière successive, possède une orientation

1. *Cf.* Thomas d'Aquin, *supra*, p. 201, note 1.

in extrema infinite distantia et in omnia intermedia absque
sui applicatione ad illa et absque successiva peragratione
illorum habet in se potentialem aspectum virtualiter
continentem totum ambitum illius distantiae infinitae ; sed
si substantia angeli absque omni praesentia sui ad loca
mundi potest agere in quodcunque illorum : utique aget in
illa indistanter et immediate, quia ipsa actio recepta in
locis illis erit saltem immediate coniuncta suo efficienti
immediato seu primo et proximo, et qua ratione potest hoc
super loca mundi, eadem ratione est ex se potens in infinita
loca ; ergo potentia angeli haberet infinitum ambitum
virtualiter attingentem omnia loca possibilia Deo. Praeterea,
potentia quae sic indistanter et immediate potest in omnia,
scilicet in hoc vel in illud, est potentia absolutissima ; quae
soli competit Deo.

    Si dicatur quod potentia angeli non potest simul agere
in omnia, sed solum disiunctive in quodcunque illorum,
575 ita | quod, si agat in unum, non agit in reliquum, contra
hoc arguitur : Primo, quia non sufficit haec evasio, quia
quamvis actio non fiat in omnibus simul, tamen potentia
aequaliter aspicit omnia simul et est simul potens in omnia
disiunctive sumpta, sicut dicimus quod voluntas potest
simul in opposita. – Secundo, quia nulla est ratio quare
non possit sequi actio in omnia simul, ex quo, quantum
est ex se, aequaliter se habet ad omnia simul nec applicatur

de sa puissance contenant virtuellement toute l'étendue d'une telle distance infinie. Or si la substance de l'ange est capable d'agir sur n'importe quel lieu sans aucune présence aux lieux du monde, elle agira sur ces lieux comme s'il n'y avait pas de distance et de manière immédiate, car l'action reçue dans ces lieux sera conjointe immédiatement au moins à son <principe> efficient immédiat ou premier et proche. Et pour la raison pour laquelle elle est capable d'agir <ainsi> sur les lieux du monde, elle l'est <également> par soi à l'égard d'une infinité de lieux. La puissance de l'ange aurait de ce fait une étendue infinie capable d'atteindre virtuellement tous les lieux possibles pour Dieu. De plus, une puissance qui peut agir si immédiatement, et comme s'il n'y avait pas de distance, sur toutes choses, c'est-à-dire sur ceci ou sur cela, est une puissance au plus haut point absolue ; or une telle puissance ne convient qu'à Dieu.

Si l'on dit que la puissance de l'ange ne peut pas agir simultanément sur toutes choses, mais seulement séparément sur l'une d'elles <à la fois>, de sorte que | si elle agit sur **575** une chose elle n'agit pas sur une autre, on argumente en sens contraire : premièrement, une telle échappatoire ne suffit pas car, quand bien même l'action ne porte pas sur toutes choses simultanément, une telle puissance se rapporte néanmoins à toutes choses avec une égale simultanéité et est capable d'agir simultanément sur toutes choses prises séparément, comme lorsque nous disons que la volonté peut se diriger simultanément vers des objets opposés. – Deuxièmement, il n'y a pas de raison pour qu'il ne s'ensuive pas une action qui porte simultanément sur toutes choses ; de ce fait, en ce qui la concerne, une telle action se rapporte avec une égale simultanéité à toutes choses et ne s'applique

plus ad unum quam ad reliquum. – Tertio, quia aut ista potentia agit naturaliter aut secundum imperium voluntatis. Si naturaliter, ergo in omnia ad quae se habet aequaliter aget aequaliter; si per imperium voluntatis : sed angelus potest ita faciliter velle agere simul in omnia sicut in solum unum illorum, ergo ita ageret in omnia sicut in unum illorum. – Quarto, quia locus in quem agit non est punctalis, immo comprehendit in se plura loca. Quaero ergo quare potest simul agere in omnes partes illius loci potius quam in omnia, cum non plus uno aspectu feratur et applicetur ad illa quam ad alia; et non videtur conveniens ratio posse dari. Item, quando angelus dicitur assumere corpus, falso dicetur assumere, cum illud corpus secundum hoc non plus applicetur substantiae angeli quam alia corpora. Praeterea, si dicitur assumere illud propter hoc solum, quia agit in illud et quia movet ipsum : ergo eadem ratione dicetur assumere omnia corpora quae movet et in quae agit.

Notandum autem quod quidam faciunt hic quoddam argumentum non bonum, dicentes : prius est esse quam operari; ergo prius est esse in loco quam operari in loco. Forma enim huius consequentiae non est bona, quia non valet quod, si aliquid secundum se est prius aliquo altero, quod ipsum sub una circumstantia sumptum sit prius illo altero respectu eiusdem circumstantiae.

pas davantage à l'une qu'à l'autre. – Troisièmement, une telle puissance agit soit selon l'ordre de la nature, soit selon l'empire de la volonté : si elle agit selon l'ordre de la nature, elle agira de manière égale sur toutes les choses auxquelles elle se rapporte de manière égale; si elle agit selon l'empire de la volonté – puisque l'ange peut, avec la même facilité, vouloir agir simultanément sur toutes choses comme sur une seule d'entre elles –, elle agirait alors sur toutes choses comme si c'était une seule. – Quatrièmement, le lieu dans lequel l'ange agit n'est pas un point, mais comprend au contraire plusieurs lieux. Je demande alors pourquoi il peut agir simultanément sur toutes les parties de ce lieu plutôt que sur toutes choses, étant donné que par une seule orientation il ne se dirige et ne s'applique pas davantage aux parties d'un lieu qu'aux autres choses; or il ne semble pas que l'on puisse en donner une raison adéquate. De même, lorsqu'on dit que l'ange assume un corps, ce sera faux de dire "assumer", puisque ce corps ne s'applique pas à la substance de l'ange davantage que d'autres corps; par ailleurs, si l'on dit qu'il l'assume du simple fait qu'il agit sur lui et qu'il le meut, on dira alors, et pour la même raison, qu'il assume tous les corps qu'il meut et sur lesquels il agit.

Il faut noter que certains [1] invoquent ici un argument qui n'est pas valable, en disant que l'être précède l'agir et que par conséquent le fait d'être dans un lieu précède l'agir dans un lieu. En effet, la forme de cette déduction n'est pas bonne, car il n'est pas correct <de dire> que si une chose, prise en elle-même, précède quelque chose d'autre, cette chose prise selon une circonstance particulière précède l'autre eu égard à la même circonstance.

---

1. *Cf.* Matthieu d'Aquasparta, *Quaestiones disputatae de anima separata, op. cit.*, q. II, p. 27 (*supra*, p. 115).

Non enim valet : prius est caro cruda quam cocta, ergo prius est in ore comedentis caro cruda quam cocta. Sic etiam non valet : prius est esse quam operari, ergo prius est esse malum quam facere malum. Praeterea, ex praedicta consequentia, si est bona, sequitur quod prius sit res in hoc loco quam operetur in hoc loco, et ita nulla res poterit operari nisi solum in loco in quo est ; quod | est aperte falsum, quia sol potius agit in loca sibi propinqua quam in loco in quo est.

Ex tertio arguitur sic : in omni creatura intellectuali est magnae libertatis posse se movere ad varia mundi loca et posse se associare rebus et res sibi et iterum posse se elongare ab eis ; sed hoc est impossibile, nisi sit praesens alicui loco mundi. Quod probatur : primo, quia omne quod movetur ad aliquem terminum recedit a termino eiusdem generis ; termini enim motus sunt sibi oppositi sub aliqua una ratione generis, unde inter terminos disparatorum motuum non cadit motus, unde dealbatio non fit recedendo a magnitudine aut a tali odore ; ergo angelus non potest se movere ad aliquem locum nisi recedendo ab aliquo termino locali eiusdem generis. – Item, angelus non potest se movere ad locum, nisi primo impellat et inclinet se ipsum ad illum locum ; sed impulsus mobilis et virtus impellens, in quantum talis, sunt prius virtualiter protensi in terminum motus,

En effet, ceci ne vaut pas : "la viande crue précède la viande cuite ; dans la bouche de celui qui mange il y a donc d'abord la viande crue, puis la viande cuite". De même, il n'est pas correct <de dire> : "l'être précède l'agir, donc l'être mauvais précède l'agir mauvais". Qui plus est, si la déduction précédente est correcte, il s'ensuit qu'une chose se trouve d'abord dans un lieu avant d'agir en ce même lieu, si bien qu'une chose ne pourra agir que dans le lieu où elle se trouve ; | or c'est manifestement faux, car le 576 soleil agit plutôt sur les lieux qui lui sont proches que dans le lieu où il se trouve.

<Troisième argumentation : l'ordre du mouvement>

À partir du troisième ordre <celui du mouvement> on argumente ainsi : dans chaque créature intellectuelle la capacité de se mouvoir vers divers lieux du monde, de se joindre aux choses et <de joindre> les choses à soi, de même que la capacité de s'éloigner d'elles, relève d'une grande liberté ; or cela n'est pas possible si l'on n'est pas présent à quelque lieu du monde. Ce que l'on prouve ainsi : premièrement, car tout ce qui se meut vers un terme s'éloigne d'un terme du même genre ; en effet, les termes du mouvement sont opposés l'un à l'autre sous une même raison de genre. C'est pourquoi il n'y a pas de mouvement <intermédiaire> entre les termes de mouvements disparates, car quelque chose ne devient pas blanc en s'éloignant de la grandeur ou de telle odeur. L'ange ne peut donc se mouvoir vers un lieu sans s'éloigner de quelque terme local du même genre. – De plus, l'ange ne peut se mouvoir vers un lieu s'il ne se met pas d'abord en mouvement et ne s'oriente pas vers ce lieu ; or l'impulsion du mobile et la force d'impulsion, en tant que telles, sont dirigées virtuellement vers le terme du mouvement

antequam sequatur motus vel mutatio; huiusmodi autem
protensio non est sine ordine praesentiae et distantiae ad
terminos motus. – Item, angelus non potest sibi dare
praesentiam localem per simplicem influxum, influendo
scilicet eam in se, sicut influit lux lucem, quia tunc ipsa
praesentia localis esset quasi qualitas absoluta; ergo oportet
quod hoc fiat applicando suam substantiam alteri;
hoc autem aut fiet successive aut in instanti et aut per
medium aut sine medio; si in instanti et sine medio : ergo
res cui sic applicatur erat prius sibi immediata aut fere
immediata, alias non posset sibi immediate applicari; si
autem successive et per medium : ergo prius erat in loco
qui per spatium intermedium distabat ab altero loco. – Item,
quando angelus dabit sibi praesentiam localem, tunc auferet
sibi illum modum existendi per quem erat absolutus ab
omni praesentia loci; et e contrario, quando auferet sibi
omnem praesentiam loci, tunc eo ipso dabit sibi illum
modum existendi absolutum et abstractum ab omni loco.
Ex hoc autem sequitur quod sua praesentia localis possit
mutari in duo genera disparatissima seu in terminos
577 diversorum generum, | quia illa praesentia localis potest
mutari in aliam eiusdem speciei, utpote eundo ad alium
locum, et nihilominus potest mutari in illum modum
existendi absolutum. Sequetur etiam quod instans possit
esse immediate post instans, quia dato quod in hoc instanti
angelus sit in hoc loco, constat quod immediate potest

avant que le mouvement ou le changement ne s'ensuive, et cette orientation ne se produit pas sans un rapport de présence et de distance à l'égard des termes du mouvement. – De même, l'ange ne peut s'octroyer une présence locale par voie de simple influx, c'est-à-dire en l'introduisant en soi à la manière dont la lumière donne la lumière <par voie d'influx>, car une telle présence locale serait quasiment une qualité absolue. Il faut donc que cela se produise par l'application de sa substance à autre chose, ce qui se fera de manière successive ou instantanée et par un intermédiaire ou sans intermédiaire : si cela se produit de manière instantanée et sans intermédiaire, la chose à laquelle il s'applique lui était auparavant immédiate ou presque immédiate, sans quoi il ne pourrait s'y appliquer immédiatement ; si c'est de manière successive et par un intermédiaire, alors la chose <à laquelle l'ange s'applique> se trouvait auparavant dans un lieu qui était éloigné de l'autre par un espace intermédiaire. – De plus, lorsque l'ange s'octroiera une présence locale, il abandonnera le mode d'exister en vertu duquel il était affranchi de toute présence locale et, à l'inverse, lorsqu'il abandonnera toute présence locale, il s'attribuera à lui-même un mode d'exister absolu et abstrait de tout lieu. Il s'ensuit que sa présence locale pourrait changer selon deux genres tout à fait disparates ou selon des termes de genres différents ; | en effet, **577** une telle présence locale peut être changée en une autre de même espèce, comme du fait d'aller vers un autre lieu, mais elle peut tout aussi bien se changer en un mode d'exister absolu. Il s'ensuivrait également qu'un instant pourrait venir immédiatement après un autre instant, car si l'on pose qu'en cet instant un ange est en ce lieu, il apparaît qu'il pourrait immédiatement

facere quod non sit hic. Nec mirum : quia hoc possum ego
per motum, nam in toto tempore quod immediate sequitur
post instans ego sum extra locum a quo coepi moveri ; sed
angelus non potest recessisse ab omni praesentia loci nisi
faciendo in se illum modum existendi absolutum quem
utique faciet in instanti ; ergo erit instans immediate post
instans ; quod licet quidam in angelicis mutationibus dicant
esse possibile, tamen simpliciter et universaliter est
impossibile, sicut alibi est probatum, nisi forte uno solo
modo quem in quaestione de conversione panis in corpus
Christi recitavi et dictum ab aliis, prout potui, sustinui.

Praeter hoc autem arguitur ad principale ex existentia
animae nostrae in corpore quae non solum est in eo
sicut forma in materia, sed etiam sicut substantia
praesens substantiae corporis et loco eius ; nulla
enim forma potest esse praesens materiae suae, nisi sit
praesens loco in quo est sua materia. – Rursus, anima cum

faire en sorte de ne pas s'y trouver – il n'y a rien d'étonnant à cela, car je le peux moi-même par le mouvement; en effet, dans le temps tout entier qui vient immédiatement après un instant, je me trouve hors du lieu d'où j'ai commencé à me mouvoir. Or l'ange ne peut s'être retiré de toute présence locale sans produire en lui-même un mode d'exister absolu, ce qu'il fera assurément en un instant; un instant suivra donc immédiatement un instant. Et même si certains [1] disent que cela est possible dans les changements opérés par les anges, c'est impossible absolument et universellement parlant, comme il est prouvé ailleurs [2] – sauf, peut-être, dans un seul cas que j'ai exposé dans la question sur la conversion du pain en corps du Christ [3], où j'ai soutenu, autant que je l'ai pu, ce que d'autres ont affirmé.

<*Quatrième argumentation :*
la présence de l'âme dans le corps>

De plus, on argumente en faveur de la thèse principale à partir de l'existence de notre âme dans le corps, laquelle ne s'y trouve pas seulement comme une forme dans une matière, mais aussi comme une substance présente à la substance du corps et à son lieu; aucune forme ne peut en effet être présente à sa matière sans être présente au lieu dans lequel sa matière se trouve. – De plus, l'âme avec

---

1. *Cf.* Thomas d'Aquin, *Summa theologiae* I, q. 53, a. 2-3.

2. Cf. *Quaestiones in II Sententiarum*, q. IX, éd. Jansen, p. 159-187.

3. Une référence possible pourrait être : *Quaestiones In IV Sententiarum*, q. 9 (« An panis possit a deo converti in corpus Christi, et an panem conversum in corpus eius possit inde reducere, ut sit eadem numero substantia panis quae prius erat ») : *cf.* A. Ciceri, *Petri Iohannis Olivi, Opera. Censimento dei manoscritti*, Grottaferrata 1999, Ad Claras Aquas, p. 106.

corpore aspicit praesentialiter corpora mundi et loci, alias non videret praesentialiter loca et corpora mundi; sed initium sui aspectus est in loco ubi corpus suum existit; ergo est ibi localiter seu praesentialiter.

Ad hoc etiam facit auctoritas Scripturae et fidei. Primo, quia ponit daemones et animas damnatas esse alligatas vel alligandas in igne infernali. Secundo, quia animas sanctorum patrum ponit fuisse in loco qui dictus est sinus Abrahae in quo anima divitis in inferno sepulta vidit animam Lazari. Tertio, quia animas fidelium defunctorum ponit purgari in certis locis. Quarto, quia animam Christi dicit descendisse ad inferos et est unus articulus nostrae fidei. Quinto, quia

578 secundum sententiam Petri et | Pauli, in epistolis suis, daemones usque ad diem iudicii sunt detrusi in hoc aere caliginoso. Sexto, quia angelos dicunt de caelis ad nos descendere et a nobis ad caelos ascendere. Septimo, quia Christus dicit quod *angeli in caelis semper vident faciem*

le corps se rapporte aux corps du monde de manière à
<leur> être présente, car autrement elle ne verrait pas les
lieux et les corps du monde en vertu de sa présence ; or le
début de son regard <vers les corps du monde> est dans
le lieu où son corps se trouve ; elle s'y trouve donc
localement ou de manière à y être présente.

<Arguments d'autorité>

L'autorité des Écritures et de la foi le confirme
également[1]. Premièrement, car elle affirme que les démons
et les âmes damnées sont attachés – ou doivent être attachés
– aux flammes de l'enfer. Deuxièmement, car elle pose
que les âmes des saints Pères ont séjourné dans un lieu
appelé "le sein d'Abraham", dans lequel l'âme du riche
séjournant en enfer a vu l'âme de Lazare[2]. Troisièmement,
car elle affirme que les âmes des fidèles défunts sont
purifiées dans certains lieux déterminés. Quatrièmement,
car elle dit que l'âme du Christ est descendue aux enfers[3],
ce qui est un article de notre foi. Cinquièmement, car selon
ce qu'écrivent Pierre et | Paul[4] dans leurs épîtres, les **578**
démons sont repoussés dans l'air caligineux jusqu'au jour
du jugement. Sixièmement, car ils disent que les anges
descendent des cieux jusqu'à nous et montent de nous
jusqu'aux cieux[5]. Septièmement, car le Christ dit que les
« anges dans les cieux voient toujours le visage

---

1. Cf. *Lettre de Jude*, v. 6 ; *Deuxième Lettre de Pierre*, 2, 4 ; *Évangile
de Matthieu*, 22, 13.

2. Cf. *Évangile de Luc*, 16, 22-23.

3. Cf. *Première Lettre de Pierre*, 3, 19 ; St Paul, *Lettre aux Éphésiens*,
4, 9.

4. Cf. *Première Lettre de Pierre*, 5, 8 ; St Paul, *Lettre aux Éphésiens*,
6, 12.

5. Cf. *Évangile de Matthieu*, 28, 2 ; *Évangile de Luc*, 2, 15 ; *Évangile
de Jean*, 1, 51.

Patris sui; quod non potest dici respectu actus visionis Dei, quia ille est magis abstractus a loco quam substantia angeli. Rursus, tam sancti quam Scripturae dicunt quod angeli portant animas ad caelum; unde angeli, teste Christo, portaverunt animam Lazari in sinum Abrahae. Et Hieronymus, in sermone *De assumptione Dominae*, dicit quod angeli venerunt obviam animae matris Christi. Et in *Commentario super Isaiam*, libro XI, in fine, super illud *qui extendit caelos et expandit eos* dicit : « Ut vel supra habitarent angelorum multitudines vel subter homines moverentur, quasi magnam rationalibus creaturis domum fecit ». Et, libro XIII, in principio, super illud *manus meae tetenderunt caelos et omni militiae eorum mandavi* dicit : « Ego extendi caelos, ut essent angelorum habitaculum ». Rursus, tota Scriptura vult eos sub corporali specie visos et receptos fuisse a patribus, ita quod vere recipiebant eos in hospitio suo. Omissis autem pluribus auctoritatibus sanctorum, pono ad praesens unam Damasceni,

du Père »[1] – ce qui ne saurait être dit de l'acte de la vision de Dieu, car cet acte est davantage séparé du lieu que la substance de l'ange. Par ailleurs, aussi bien les saints que les Écritures affirment que les anges conduisent les âmes vers le ciel ; c'est pourquoi les anges, comme en atteste le Christ[2], ont conduit l'âme de Lazare dans le sein d'Abraham. Et Jérôme, dans le sermon *Sur l'Assomption de Marie*[3], dit que les anges sont venus à la rencontre de l'âme de la mère du Christ. Et dans le *Commentaire sur Isaïe*, à la fin du XIe livre[4], à propos du verset « *celui qui étend les cieux et les étire* »[5], il dit : « afin que les multitudes des anges habitent au-dessus ou que les hommes se meuvent au-dessous, comme s'il avait construit une grande maison pour les créatures rationnelles ». Et au début du treizième livre[6], à propos du verset « *mes mains ont étendu les cieux comme une tente et j'ai commandé à chacune de leur milice* »[7], il dit : « J'ai étendu les cieux afin qu'ils fussent la demeure des anges. » De plus, toute l'Écriture[8] proclame qu'ils ont été vus et reçus par les Pères sous une espèce corporelle, de sorte qu'ils les ont véritablement accueillis dans leur maison. Passant sous silence plusieurs autorités des saints, je n'invoque à présent que celle de Damascène,

---

1. *Évangile de Matthieu*, 18, 10.

2. Cf. *Évangile de Luc*, 16, 22.

3. Jérôme, *Epistola* IX, *Ad Paulam et Eustachium, De assumptione beatae Mariae Virginis*, (PL 30, 130).

4. Jérôme, *Comment. In Isaiam*, l. XI, in cap. 40, vers. 22 (PL 24, 424).

5. *Isaïe*, 40, 22.

6. Jérôme, *Comment. In Isaiam*, l. XIII, in cap. 45, vers. 12 (PL 24, 461).

7. *Isaïe*, 45, 12.

8. Cf. *Genèse*, 18, 1 *sq.* ; 32, 24 *sq.* ; *Tobie* 5, 5 *sq.* ; 12, 6 *sq.*

capitulo 3 dicentis « Angelos esse circumscriptibiles ; cum enim sunt in caelo, non sunt in terra et cum ad terram a Deo mittuntur, non remanent in caelo » ; et post dicit quod « intellectualiter adsunt et operantur ubicunque iussi fuerunt ». Beda etiam et Strabus dicunt angelos fuisse creatos in caelo. Unde et Christus dicit *Satanam de caelo sicut fulgur cecidisse.*

Ad evidentiam tamen huius veritatis et difficultatum eius sciendum primo quod si nullum | corpus esset, tunc angeli essent sine loco corporali ; corpore autem posito in esse non possunt non esse praesentes corpori aut alicui parti eius, non propter dependentiam eorum a corporibus, sed propter connexionem partium universi. Si vero quaeratur an dato quod Deus annihilaret omnia corpora, angeli qui prius per varia loca erant diffusi distarent ab invicem sicut prius, ita quod remanerent sicut prius in locis suis, aut dato quod angelis primo creatis Deus crearet corpora, an ex sola creatione corporum fierent angeli in loco corporali et an omnes in eodem aut in diversis : dicendum ad hoc quod si Deus annihilando corporalia loca in quibus erant angeli

qui, au chapitre 3, dit que « les anges peuvent être circonscrits ; en effet, lorsqu'ils sont au ciel, ils ne sont pas sur terre, et lorsqu'ils sont envoyés par Dieu sur terre, ils ne demeurent pas au ciel »[1]. Et il ajoute « qu'ils sont présents et opèrent de manière intellectuelle où qu'il leur ait été ordonné d'être »[2]. Bède[3] et Strabon[4] aussi disent que les anges ont été créés dans le ciel. Pour la même raison, le Christ également dit que *Satan tomba du ciel comme la foudre*[5].

<Illustration de la thèse principale>

Cependant, pour faire apparaître cette vérité et ses difficultés, il faut savoir, premièrement, que s'il n'y avait aucun | corps, les anges seraient sans lieu corporel, mais **579** dès lors qu'un corps existe, ils ne peuvent pas ne pas être présents à un corps ou à l'une de ses parties – et ce non en raison de leur dépendance à l'égard des corps, mais à cause de la connexion des parties de l'univers. En revanche, si l'on demande, dans l'hypothèse où Dieu détruirait tous les corps, si les anges qui étaient auparavant dispersés à travers divers lieux seraient éloignés les uns des autres comme auparavant, de sorte à demeurer en leurs lieux comme auparavant ; ou <si l'on demande>, dans l'hypothèse qu'après avoir créé les anges Dieu créerait les corps, si à partir de la seule création des corps, les anges se trouveraient en un lieu corporel et tous en un même lieu ou en des lieux différents : à cela il faut répondre que si Dieu, en détruisant les lieux corporels dans lesquels les anges se trouvaient,

---

1. Jean Damascène, *La foi orthodoxe*, § 17 (II, 3), vol. I, p. 229.
2. *Ibid.*
3. Bède, *Hexaemeron*, l. I, (PL 91, 14).
4. Strabon, *Glossa ordinaria, in Genesim* 1, 1. (PL 113, col. 68 C).
5. *Évangile de Luc*, 10, 18.

nollet miraculose angelos existere, tunc oporteret quod
simul cum praedicta annihilatione auferret angelis modum
existendi quem habebant in locis corporalibus. Videtur
autem quibusdam quod miraculose posset facere quod
modus existendi quem ibi habebant remaneret, sicut et
potest quod forma remaneat sine materia, acsi esset in
materia; nec tunc angeli essent in loco corporali, non propter
defectum ex parte sua, sed propter annihilationem loci
corporalis. Tunc autem distarent ab invicem eo modo quo
partes circumferentiae caeli diametraliter distarent ab
invicem, dato quod omnia corpora et loca intermedia essent
annihilata; quamquam enim tunc nullum spatium nullaque
realis quantitas seu distantia esset in medio : nihilominus
partes sphaerae caelestis haberent ad se eandem habitudinem
situs et distantiae quam prius habebant, ita quod tantum
spatium et non maius nec minus posset poni inter eas ad
replendum seu supplendum exigentiam mutuae distantiae
earum. Si autem Deus post creationem angelorum crearet
vel creasset corpora mundi, tunc cum ipsa creatione
collocasset angelos aut in eodem loco corporali aut in
pluribus; quando enim Deus creat plura, multa oportet
fieri praeter creationem absolutae essentiae eorum, ut
verbi gratia, quando creavit corpora mundi, potuisset ea
fecisse simul aut unum in loco alterius et unam partem

n'avait pas voulu que les anges existent miraculeusement, il aurait fallu qu'avec une telle destruction il eût en même temps retiré aux anges le mode d'exister qu'ils avaient <lorsqu'ils étaient> dans les lieux corporels. Certains [1] considèrent que, par miracle, Dieu pourrait faire en sorte que le mode d'exister qu'ils avaient là demeure, tout comme il peut faire en sorte que la forme demeure sans la matière comme si elle était dans la matière ; ainsi, les anges ne seraient pas dans un lieu corporel, non à cause d'un défaut qui leur serait inhérent, mais à cause de la destruction du lieu corporel. Ils seraient alors éloignés les uns des autres à la manière dont les parties de la circonférence du ciel seraient séparées les unes des autres selon la longueur du diamètre, étant donné que tous les corps et les lieux intermédiaires auraient été détruits ; en effet, bien que dans ce cas il n'y aurait au milieu aucun espace, ni aucune quantité réelle, ni distance, les parties de la sphère céleste auraient néanmoins entre elles le même rapport de position et de distance qu'elles avaient auparavant, de sorte qu'on ne pourrait poser entre elles qu'une quantité d'espace déterminée, ni plus ni moins, pour satisfaire ou combler l'exigence de leur distance mutuelle. Mais si après la création des anges, Dieu créait ou avait créé les corps du monde, avec cette création il aurait placé les anges soit dans le même lieu corporel, soit en plusieurs. En effet, lorsque Dieu crée une multiplicité de choses, beaucoup d'autres doivent être produites en plus de la création de leur essence <en tant qu'>absolue. Par exemple, lorsqu'il a créé les corps du monde, il aurait pu les avoir faits tous ensemble ou l'un dans le lieu d'un autre et une partie

---

1. *Cf.* Henri de Gand, *Quodlibet* XV, q. IV, éd. cit., p. 4-6.

in situ alterius partis, ita quod quaelibet stella haberet alium
580 situm in orbe suo quam habeat. Quod igitur | unum fuerit
sursum, aliud deorsum, aliud a dextris, aliud a sinistris,
aliud in medio : non fuit ex absoluta creatione substantiarum
suarum, sed potius fuit opus annexum illi.

Secundo sciendum quod angelus totum locum quem
simul occupat habet pro uno loco, ita quod sub aliqua
unitate respicit omnes partes illius loci, et consimiliter illae
respiciunt ipsum sub aliqua una coordinatione et connexione,
et ideo oportet quod omnes per intermedias partes sui loci
sibi contiguentur aut continuentur. Unde angelus non posset
esse in duobus locis quae nec per lineam obliquam nec per
rectam sibi respectu collocationis angeli connectuntur,
quia tunc esset in eis tanquam in duobus locis et non
tanquam in uno. Et per hoc cessat obiectio quae solet fieri
de pluralitate locorum, quando angelus simul occupat loca
trium vel plurium corporum, quia non occupat ea ut plura
respectu sui, sed potius ut unum correspondens uni
existentiae suae locali.

Tertio sciendum quod modus applicationis angeli ad
locum habet in se quandam intellectualem quantitatem,
ita quod licet totus angelus sit in qualibet parte loci ratione
suae simplicitatis, non tamen est ibi totaliter, id est,
secundum totam magnitudinem suae applicationis.

à la place d'une autre partie, de sorte que chaque étoile aurait eu dans sa sphère une autre position qu'elle n'a à présent. Par conséquent, le fait | qu'un corps ait été produit 580 en haut, un autre en bas, un autre à droite, un autre à gauche, un autre au milieu, n'a pas résulté de la création absolue de leur substance, mais plutôt d'une œuvre annexe à celle-ci.

Deuxièmement, il faut savoir que l'ange se rapporte au lieu tout entier qu'il occupe simultanément comme à un seul lieu ; il se rapporte ainsi à toutes les parties de ce lieu en tant que comprises sous une certaine unité et, de manière similaire, celles-ci se rapportent à lui en vertu d'une certaine coordination et connexion ; pour cette raison, il faut que toutes les parties de son lieu lui soient contiguës ou continues au moyen des parties intermédiaires. L'ange ne saurait donc être en deux lieux qui ne sont reliés ni par une ligne oblique ni par une droite relativement à sa collocation, car en pareil cas il serait en eux comme en deux lieux et non comme en un seul. Ainsi tombe l'objection qui a coutume d'être formulée à propos de la pluralité des lieux, lorsque l'ange occupe simultanément les lieux de trois ou de plusieurs corps ; en effet, il ne les occupe pas en tant qu'ils sont plusieurs relativement à lui, mais plutôt en tant qu'un seul lieu correspondant à l'unique détermination locale de son existence.

Troisièmement, il faut savoir que le mode d'application de l'ange au lieu comporte une certaine quantité intellectuelle ; il s'ensuit que même si l'ange tout entier est dans chaque partie du lieu en raison de sa simplicité, il n'y est cependant pas totalement, c'est-à-dire selon toute l'ampleur de son application.

Quarto sciendum quod ille modus applicationis habet naturales limites in natura angeli praefixos et ideo non secundum omnem modum potest applicari ad partes eiusdem loci; unde dato quod omnes partes corporis sphaerici in quo est angelus semper magis ac magis producerentur et transponerentur in longum, ita quod occuparent longitudinem satis plus quam ab oriente in occidens, immo et in infinitum possent hoc modo successive protendi : non propter hoc oporteret quod angelus posset occupare omnes eas semper, sicut poterat prius. Et ideo cessat obiectio quae ex hoc solet trahi.

Quinto sciendum quod angelus sic attingit omnes partes sui loci, ita quod totus est in qualibet earum, quod tamen ex hoc non sequitur quod attingat infinitas in actu; quia nullam attingit nisi secundum quod est ens actu, ipsae autem non sunt actu infinitae nec esse possunt.

581 | Sexto sciendum quod modus localis existentiae seu applicationis angeli non potest a nobis proprie accipi aut intelligi nisi per negationes multorum modorum dimensionalium. Unde non est imaginandum quod quando angelus est in loco sphaerico aut triangulari et sic de aliis, quod propter hoc sua localis existentia sit sphaerica vel triangularis, sed solum quod est illi coaptata et comproportionata. Non est etiam imaginandum quod sicut pars loci est post partem, quod ita angelus, prout est in

Quatrièmement, il faut savoir qu'un tel mode d'application possède des limites naturelles prédéterminées dans la nature de l'ange, si bien qu'il ne peut pas s'appliquer aux parties du lieu de n'importe quelle manière. Aussi, à supposer que toutes les parties du corps sphérique, dans lequel l'ange se trouve toujours, soient agrandies de plus en plus et étendues sur la longueur, de manière à occuper une étendue passablement plus grande que celle qui va de l'orient à l'occident – et encore davantage, car de cette manière elles pourraient s'étendre successivement à l'infini –, il ne faudrait pas pour autant que l'ange puisse les occuper toujours toutes, comme il l'avait pu auparavant. Pour cette raison, l'objection que l'on soulève habituellement à son sujet tombe.

Cinquièmement, il faut savoir que l'ange atteint toutes les parties de son lieu, de sorte à être tout entier en chacune d'elles. Il ne s'ensuit pourtant pas qu'il atteigne une infinité de parties en acte, car il n'en atteint aucune, qui ne soit un étant en acte ; or ces parties ne sont pas en acte en nombre infini, ni ne peuvent l'être.

| Sixièmement, il faut savoir que le mode d'existence **581** locale ou d'application de l'ange <au lieu> ne peut, à proprement parler, être saisi ou compris par nous que par la négation de plusieurs modes dimensionnels. Par conséquent, il ne faut pas imaginer que lorsqu'un ange est dans un lieu sphérique ou triangulaire, et ainsi de suite, son existence locale soit (de ce fait) sphérique ou triangulaire, mais seulement qu'elle est adaptée et proportionnée à un tel lieu. Il ne faut pas non plus imaginer que, de la même manière qu'une partie du lieu vient après une autre partie, qu'ainsi l'ange qui se trouve dans une partie

posteriori, sit posterior se ipso, prout est in parte anteriori, aut quod ipse sit ibi quasi replicatus aut reiteratus, sicut si eundem punctum vel eundem digitum totum pluries replicares, acsi essent plures digiti sese contingentes.

Septimo sciendum quod angelus in movendo se de uno loco ad alium ponitur a quibusdam hoc posse facere duobus modis : primo scilicet, quod a toto priori loco et omnibus partibus eius subito recedat faciendo se immediate in loco post primum totalem locum subsequente. Si autem tunc quaeras quomodo ipse, prout erat in partibus postremis loci prioris, factus est in partibus loci sequentis non transeundo per partes intermedias loci prioris : dicunt quod hic fallit imaginatio, accipiens existentiam angeli localem, acsi esset in partibus loci per sui replicationem et per posteriorationem et anteriorationem. – Secundo modo dicunt hoc posse fieri ita quod successive recedat a partibus loci prioris et successive acquirat partes loci sequentis, et tunc, ut dicunt, tota applicatio angeli mutat successive varios aspectus in partibus loci quas per motum et morose transcurrit ; sicut punctus solis, dum sol movetur, continue mutat et acquirit varios aspectus super omnes partes hemisphaerii quas aspicit semper, licet aliter et aliter.

postérieure soit postérieur à lui-même en tant qu'il se trouvait dans la partie antérieure, ou qu'il y soit quasiment redoublé ou réitéré. Pareillement, dans le cas où tu redoublerais le même point ou le même doigt tout entier plusieurs fois, <il ne faudrait pas imaginer> qu'il y ait plusieurs doigts qui se touchent.

Septièmement, il faut savoir que selon certains [1], lorsque l'ange se meut d'un lieu à un autre, il peut le faire de deux manières. D'une première manière, il s'éloigne subitement du lieu précédent tout entier et de toutes ses parties en se rendant immédiatement dans le lieu tout entier qui suit. Or, si tu demandes de quelle manière l'ange, qui était dans les parties extrêmes du lieu précédent, s'est rendu dans les parties du lieu suivant sans passer par les parties intermédiaires du lieu précédent, ils répondent que l'imagination se trompe ici en prenant l'existence locale de l'ange comme s'il était dans les parties du lieu par son redoublement et par son déplacement à la fois vers l'avant et vers l'après. D'une seconde manière, ils disent que cela peut se produire par l'éloignement successif des parties du lieu précédent et l'acquisition successive des parties du lieu suivant; alors, comme ils le disent, l'application tout entière de l'ange modifie successivement ses divers rapports aux parties du lieu qu'il traverse par le mouvement et de manière progressive. De même, aussi longtemps que le soleil se meut, le point du soleil change continuellement et acquiert divers rapports à toutes les parties de l'hémisphère auxquelles il se rapporte toujours, bien que de manière différente à chaque fois.

---

1. *Cf.* Thomas d'Aquin, *Summa theologiae* I, q. 53, a. 1.

Octavo sciendum quod quamvis nesciamus quantum spatium potest simul quilibet angelus occupare, scimus tamen quod non potest infinitum actu nec in infinitum semper maius, immo est aliqua certa mensura ultra quam non potest. Probabiliter tamen credimus quod nullus angelorum qui nunc sunt possit occupare simul totum
582 spatium | universi orbis ; tum quia Scripturae aperte dicunt eos per motum absentari a nobis vel praesentari nobis, si enim essent ubique, non oporteret eos descendere de caelis, quando ad nos mittuntur ; tum quia congruum fuit quod soli Deo universalis occupatio servaretur ad designandum eius immensitatem et eius universale dominium ; tum quia forte, sicut anima rationalis, quantumcunque nobilis, sicut est anima Christi, non potest praesentialiter occupare nisi corpus satis modicae quantitatis respectu multorum corporum mundi, sic fortasse est de substantia angelica, sed hoc ignoramus.

Sed adhuc ad rationem de infinitate angeli super infinita distantia respondetur a quibusdam quod ex hoc nulla infinitas sequitur in angelo, quia non refertur ad illa sicut ad infinite distantia, sicut nec punctus centri

Huitièmement, même si nous ignorons quelle quantité d'espace chaque ange peut occuper simultanément, nous savons toutefois qu'il ne peut pas occuper en acte un espace infini, ni occuper un espace toujours plus grand jusqu'à l'infini ; au contraire, il y a une mesure déterminée au-delà de laquelle il ne peut aller. Nous croyons toutefois avec vraisemblance qu'aucun des anges qui existent à présent ne puisse occuper simultanément tout l'espace | de l'univers. **582** D'une part, en effet, les Écritures disent clairement [1] que les anges s'absentent ou sont présents à nous par le mouvement – car s'ils étaient partout, il ne serait pas nécessaire qu'ils descendent des cieux lorsqu'ils nous sont envoyés. Il convenait d'autre part que l'occupation universelle <de l'espace> fût réservée à Dieu seul pour signifier son immensité et son pouvoir universel. Enfin, étant donné que l'âme rationnelle, bien que noble, comme l'est l'âme du Christ, ne peut occuper, de manière à y être présente, qu'un corps de quantité assez modique en comparaison des nombreux corps du monde, <on peut supposer qu'> il en va de même de la substance angélique, mais nous l'ignorons.

<L'argument de l'infinité et sa réfutation>

À l'argument qui porte sur la capacité infinie de l'ange par rapport à des choses infiniment distantes [2], certains répondent qu'il ne s'ensuit aucune infinité dans l'ange, car il ne se rapporte pas à elles comme à des choses infiniment distantes, tout comme le point du centre ne se rapporte pas

---

1. Cf. *Évangile de Matthieu*, 28, 2 ; *Évangile de Luc*, 1, 26 et 38 ; *Évangile de Jean*, 5, 4.
2. Cf. *supra*, p. 211-213.

ad infinitas lineas circuli in se ipso terminandas vel idem
locus ad infinitos angelos in se suscipiendos vel ad infinita
corpora in eodem loco per miraculum susceptibilia.

Sed contra hoc est, quia si angelus nulla ab invicem
distantia aspicit ut distantia : tunc oportet quod omnia
aspiciat secundum aliquam rationem mutuae simultatis
omnium ; quae non videtur posse dari. Item, tunc omnibus
illis simul assistet ; et ex quo omnia distantia sunt praesentia
respectu ipsius et suarum actionum, sequitur quod ipse
consimiliter omnibus erit praesens. Item, quando unum
aspectum et actum suae virtutis dirigit ad quodcunque
infinite distantium et alium ad oppositum situm et terminum
et alium ad situm intermedium : tunc isti tres aspectus se
habent ad invicem sicut se habent tres aspectus eiusdem
puncti solaris vel visualis ad tres radios lucis et ad tres
aspectus visus super tres partes obiecti visibilis seu super
tria sibi contigua in simul visa ; de quibus utique constat
quod distantia respiciunt ut distantia, ita quod quanto
aspectus extremi sunt super obiecta magis ab invicem distantia, tanto maior et latior est ambitus potentiae aspicientis,
et ideo si sunt super infinite distantia, ambitus potentiae
erit infinitus, et maxime quia ex quo potest sic simul aspicere
583 extrema et medium, | potest etiam aspicere simul omnia
intermedia sub uno generali et continuato seu counito
aspectu, nisi sit aliquod obstaculum prohibens seu impediens.

au nombre infini de lignes du cercle qui se terminent en lui, ni le même lieu au nombre infini d'anges qu'il peut accueillir ou à l'infinité de corps susceptibles d'être reçus en lui par miracle.

Or à cela on peut objecter que si l'ange ne se rapporte à aucune des choses distantes les unes des autres comme si elles étaient distantes, il faut qu'il les considère sous un certain rapport de simultanéité réciproque – ce qui ne semble pas pouvoir arriver. De même, il serait alors présent simultanément à toutes ces choses, car du moment où toutes les choses distantes sont présentes à lui et à ses actions, il sera présent à toutes de manière semblable.

De plus, lorsqu'un ange dirige un regard et un acte de sa puissance vers quoi que ce soit parmi des choses infiniment distantes, un autre vers un lieu et un terme opposé et un troisième vers un lieu intermédiaire, ces trois visions se rapportent les unes aux autres à la manière dont trois visions du même point solaire ou visuel se rapportent à trois rayons de lumière et à trois regards dirigés sur trois parties d'un objet visible ou sur trois objets contigus vus ensemble. Or il est certain qu'ils se rapportent aux choses distantes en tant que distantes. De cette manière, plus les regards qui portent sur des objets [davantage] distants les uns des autres sont éloignés, plus la portée de la puissance de celui qui regarde est grande et étendue. Pour cette raison, si ces regards portent sur des choses infiniment distantes, l'étendue de leur puissance sera infinie, et ce d'autant plus que l'ange qui est ainsi capable de viser simultanément les choses qui se trouvent aux extrémités et ce qui est au milieu | peut aussi viser simultanément tous les <objets> **583** intermédiaires d'un seul regard général et continu ou uni, à moins qu'un obstacle ne l'interdise ou ne l'empêche.

Item, quando per aspectum et influxum suae virtutis movebit seu inclinabit utrumque praedictorum extremorum versus alterum, tunc aspectus ipsius motoris mediante uno extremorum dirigitur ad aliud; quod non potest fieri, nisi tunc primo naturaliter dirigatur ad omnia intermedia; ergo tunc respicit illa per intermediam distantiam; si ergo infinite distant, respicit illa per infinitam distantiam ab ipso et ab eius extremis aspectibus totaliter comprehensam. Si dicatur quod hoc ipsum sequeretur respectu Dei moventis ipsa : dicendum quod non est verum, quia sicut alibi est monstratum, Deus est tantae absolutionis et infinitatis quod sic ex parte sua est actualis super quaecunque infinita quod tamen propter insusceptibilitatem illorum non fertur super ea tanquam super unum actum infinitum, sed solum tanquam super plura, et hoc sub divinis rationibus infinitis quarum una non est respectu alterius partialis, prout in quaestione quomodo Deus possit scire et facere infinita plenius est ostensum, haec autem sic sunt propria soli Deo quod nulli creato possunt communicari.

Sed adhuc ad ipsam rationem de partialitate entium respectu universi superius factam respondetur a quibusdam

De même, lorsqu'un ange, par une orientation et un influx de sa puissance, va mouvoir ou incliner deux extrémités l'une vers l'autre, le regard de ce moteur est dirigé vers l'autre extrémité au moyen de l'une d'elles, ce qui ne peut arriver s'il ne se dirige pas d'abord et naturellement vers tous les intermédiaires; l'ange les regarde alors à travers la distance intermédiaire. Et s'ils sont infiniment distants, il les considère à travers la distance infinie totalement comprise entre lui et les extrémités sur lesquelles portent ses regards.

Si l'on dit qu'il en irait de même si Dieu les mouvait, il faut répondre que ce n'est pas vrai. En effet, comme il a été montré ailleurs [1], Dieu possède une perfection et une infinité telles que, en ce qui le concerne, son regard porte en acte sur un nombre infini de choses; toutefois, à cause de l'incapacité de celles-ci à être assumées <comme un tout infini>, il ne porte pas sur elles comme si elles formaient un seul acte infini, mais seulement comme sur plusieurs <actes>, à savoir sous les raisons divines infinies dont l'une n'est pas partielle par rapport à l'autre, comme il a été pleinement montré dans la question qui traite de la manière dont Dieu peut connaître et produire une infinité de choses [2]. Or cette capacité est propre à Dieu seul et ne peut être communiquée à aucune créature.

<*L'argument de la partialité et sa réfutation*>

À l'argument précédent [3] <qui porte> sur la partialité des étants par rapport à l'univers, certains répondent

---

1. Cf. *Quaestiones in II Sent.*, q. XXIII, éd. cit., vol. I, p. 433.
2. Cf. *ibid.*, q. III, éd. cit., vol. I, p. 58.
3. Cf. *supra*, p. 207-209.

quod angeli et corpora possunt ad invicem multos respectus partiales habere absque respectibus partialium compraesentialitatum et distantiarum; quia absque hoc eorum individuales essentiae et eorum species se habent ad totum ambitum entis creati seu creabilis sicut quaedam modicae partes.

Sed contra hoc est quod sicut respectu universalis ambitus entis seu essentiae oportet ipsa esse partialia, sic respectu universalis ambitus actualium existentiarum ad invicem sub aliquo uno universo coordinabilium oportet eorum existentias seu modos essendi esse partiales. Si autem inter angelum actu in se ipso existentem et inter corpora actu existentia non est dare mutuam praesentiam vel distantiam, saltem potentialem seu aptitudinalem, qualis esset inter partes circumferentiae sphaericae, si corpora intra ipsam inclusa essent annihilata – adhuc enim partes sphaerae pro tanto inter se distarent, pro quanto tanta quantitas et non maior | posset poni inter illa – si, inquam, inter angelum et corpora nihil tale est dare : tunc eorum existentiae secundum quas unumquodque est sibi ipsi praesens non videntur habere ad invicem aliquem partialem respectum et connexionem. Ex quo oportet quod vel utraque vel altera illarum habeat modum existentiae absolutissimae et universalis, qualis competit soli Deo; et tamen cum hoc sequetur quod nec illam habeat, pro eo quod non ponitur esse praesens omnibus corporibus sicut Deus. Et ideo multa contradictoria videtur in se includere.

584

que les anges et les corps peuvent avoir entre eux de nombreux rapports partiels sans <que cela ne comporte> des rapports de co-présence et de distance partielles ; en effet, indépendamment de cela, leur essence individuelle et leurs espèces se rapportent à l'étendue tout entière de l'étant créé, ou pouvant être créé, comme de toutes petites parties.

À ces propos on objecte ce qui suit : de même qu'il faut que les essences individuelles et les espèces soient partielles par rapport à l'étendue universelle de l'étant ou de l'essence, de même il faut que leurs existences ou modes d'exister soient partiels par rapport à l'étendue universelle des existences actuelles pouvant être coordonnées [entre elles] en un seul univers. Or si entre un ange qui existe en acte en lui-même et des corps qui existent en acte il n'y a ni présence ni distance réciproque, ne serait-ce que potentielle ou selon l'aptitude, telle qu'il y en aurait entre les parties d'une circonférence sphérique si les corps compris en elle étaient détruits – en effet, <dans pareil cas> les parties de la sphère seraient <encore> aussi éloignées les unes des autres que l'on pourrait | poser entre elles telle **584** quantité et non davantage –, si, dis-je, entre un ange et les corps il n'y a rien de tel, il s'ensuit que leurs existences, en vertu desquelles chacun est présent à lui-même, ne semblent pas avoir de rapport partiel ni de connexion réciproque. De ce fait, il faudrait que soit chacun des deux, soit l'un d'eux possède un mode d'existence parfaitement absolu et universel, comme celui qui ne convient qu'à Dieu seul ; il faudrait cependant admettre que l'ange ne possède pas un tel mode d'exister, puisqu'il n'est pas présent à tous les corps comme Dieu l'est. Par conséquent, une telle conception implique de nombreuses contradictions.

Ulterius ad difficultatem de modo essendi angelorum quem, corporibus annihilatis vel non creatis cum ipsis, eos oporteret habere triplex modus sive positio datur.

Primus est, quod angeli haberent tunc quendam alium modum essendi secundum quem essent omnes sibi invicem praesentes, quem quidem modum restitutis corporibus perderent. Sed hic modus subdistinguitur in duos. Primus est, quod illum modum essendi ipsi in se ipsos causarent sicut in se causant diversas locales existentias, quando de uno loco movent se ad alium. Et isti volunt quod hoc ipsum possint facere etiam corporibus in suo esse stantibus. Alius est, quod hunc modum non possunt sibi dare vel aufferre, sed quod eis daretur a Deo, si corpora annihilarentur. – Pro primo autem est duplex ratio : prima est, quia angelus non semper occupat aequalem locum corporum ; ergo quando occupat minorem quam prius, secundum aliquid sui retraxit se ipsum ab existentia locali ; qua autem ratione potest se ab ea retrahere secundum aliquid sui, eadem ratione potest hoc secundum aliud et aliud sui vel suae existentiae et sic per consequens secundum totum ; et sicut, quando maiorem

<Une difficulté et trois solutions>

Par ailleurs, il y a trois solutions ou manières de résoudre la difficulté relative au mode d'être que les anges devraient revêtir si les corps étaient détruits ou s'ils n'étaient pas créés avec eux.

<Première solution>

La première[1] est que dans pareil cas les anges posséderaient un autre mode d'être, par lequel ils seraient tous présents les uns aux autres, un mode qu'ils perdraient une fois les corps rétablis. Cette solution connaît deux variantes. Selon la première, les anges causeraient en eux-mêmes ce mode d'être, de même qu'ils causent en eux-mêmes diverses existences locales lorsqu'ils se meuvent d'un lieu vers un autre. Et ceux qui défendent cette solution prétendent que les anges peuvent le faire, même lorsque les corps demeurent dans leur être. Selon la seconde[2], les anges ne peuvent s'octroyer ce mode d'être ou s'en défaire, mais Dieu le leur donnerait si les corps étaient détruits. – En faveur de la première variante, il y a une double raison : la première est que l'ange n'occupe pas toujours un lieu égal à celui des corps ; aussi, lorsqu'il occupe un lieu plus petit que précédemment, c'est qu'il s'est retiré de l'existence locale selon quelque chose de lui-même ; or, la raison pour laquelle il peut se retirer d'elle selon quelque chose de lui-même implique qu'il le peut également selon quelque chose d'autre de lui-même ou de son existence, et par conséquent aussi selon sa totalité. Et de même que lorsqu'il occupe un lieu plus grand que celui

---

1. Cette position pourrait être celle de Matthieu d'Aquasparta, *Quaestiones disputatae de anima separata, op. cit.*, q. III, p. 47-49.
2. *Cf.* Henri de Gand, *Quodlibet XV*, q. IV, éd. cit., p. 4-6.

locum occupat quam prius occuparet, secundum maiorem ambitum suae existentiae se communicavit loco quam prius faceret : sic, postquam se totum ab omni locali praesentia retraxisset, poterit se totum in loco facere sicut prius. – Secunda ratio est, quia qua ratione aspectus visualis aliquando ad exteriora diffunditur, aliquando vero ad interiora retrahitur : eadem ratione, ut videtur, poterit simile contingere circa communicationem praesentiae angelicae ad locum corporalem et circa eiusdem retractionem ad sua interiora.

585 | Sed contra hanc positionem et contra utrumque modum eius arguitur : Primo, quia si ille modus essendi quem absque corporibus habent et secundum quem omnes sibi invicem sunt praesentes est longe nobilior et intellectuali naturae convenientior quam ille per quam occupant corporalia loca : ergo ex creatione corporum et ex assistentia ipsorum in corporibus ipsi multum deteriorantur, perdendo scilicet nobiliorem modum essendi. – Secundo, quia sicut per illum modum nobiliorem sunt praesentes omnibus angelis : sic videtur quod per eundem possint eadem ratione praesentes esse omnibus corporibus sive omnibus actu existentibus, et tunc non oportebit quod per annihilationem corporum illum de novo acquirant aut quod per creationem corporum illum amittant. – Tertio, quia detur quod Deus restituendo corpora non auferat angelis illum nobilem modum essendi – quod videtur posse dari

occupé auparavant, il s'est communiqué au lieu selon une plus grande étendue de son existence qu'il ne l'avait fait auparavant, ainsi, après s'être retiré tout entier de toute présence locale, il pourra se rendre présent tout entier en un lieu comme auparavant. – La seconde raison est la suivante : tantôt le regard se dirige vers les choses extérieures, tantôt il se retire vers l'intérieur ; pour la même raison il apparaît que quelque chose de semblable pourra se produire lors de la communication de la présence angélique au lieu corporel et de son retrait vers ce qui lui est intérieur.

\<Contre la première solution\>

| Mais contre cette solution et contre chacune de ses **585** variantes, on argumente ainsi. – Premièrement, si le mode d'être qu'ils possèdent en l'absence des corps, et selon lequel ils sont tous présents les uns aux autres, est de loin plus noble et plus conforme à la nature intellectuelle que celui par lequel ils occupent des lieux corporels, il s'ensuit qu'à partir de la création des corps et de leur présence aux corps ils se détériorent grandement, puisqu'ils perdent un mode d'être plus noble. – Deuxièmement, de même qu'ils sont présents à tous les anges par ce mode plus noble, pour la même raison il semble que par ce même mode ils puissent être présents à tous les corps ou à tous ceux qui existent en acte ; il ne sera donc pas nécessaire qu'à cause de la destruction des corps ils acquièrent à nouveau ce mode \<d'être\> ou que par leur création ils le perdent. – Troisièmement, \<on argumente ainsi\> : à supposer qu'en rétablissant les corps Dieu n'enlève pas aux anges ce mode d'être \<plus\> noble – ce qui semble pouvoir arriver,

et maxime respectu potentiae Dei – : tunc omnes rationes superius factae ad probandum angelum esse in aliquo certo loco erunt contra positionem istam et specialiter contra primum modum ipsius, sicut applicanti eas ad propositum de facili patere potest. – Quarto, quia quod per illum modum possint esse praesentes omnibus angelis quotcunque et quantiscunque : aut est, quia per illum modum sunt omnes quasi in uno puncto seu loco et omnes intra se invicem, sicut est, quando angeli et plura corpora ponuntur esse in eodem loco corporali, qui modus non videtur in eis bene possibilis ; aut est, quia ille modus habet infinitum ambitum per quem unus angelus infinitis angelis coexistere potest, qui modus non minus est impossibilis quam primus ; aut est per solam privationem distantiae corporalis seu dimensionalis, et tunc non poneret in eis aliquam realem praesentiam, sed solum privationem talis distantiae, qui modus non solum est impossibilis, immo nec bene imaginabilis seu intelligibilis. – Quinto, quia sicut rem esse in se ipsa nihil diversum addit ad ipsam rem, sic nec ille modus quo in solis se ipsis et non in locis corporalibus esse ponuntur nihil videtur addere ad ipsam substantiam angelorum ; ergo quamdiu eorum substantia non est substantialiter variata, perseveraret in eis ille modus essendi.

586 | Si vero contra hanc rationem instes dicendo quod nec etiam esse in loco corporali aliquid addit ad rem locatam aut ad esse in se ipso, quia si adderet, tunc videtur quod illud additum posset a Deo miraculose fieri absque

et à plus forte raison compte tenu de la puissance de Dieu –, toutes les raisons invoquées auparavant pour prouver que l'ange est dans un lieu déterminé seront contraires à cette solution, et notamment à sa première variante, comme il peut apparaître facilement à celui qui les rapporte à cette question. – Quatrièmement, <on argumente ainsi> : que par ce mode ils puissent être présents à tous les anges, quel que soit leur nombre et leur quantité, cela est dû soit au fait que par lui ils sont tous quasiment en un seul point ou lieu et tous les uns dans les autres, comme il arrive lorsque les anges et plusieurs corps sont dits être dans le même lieu corporel – un mode <d'être> qui ne semble <pourtant> pas possible pour eux –, soit au fait que ce mode possède une étendue infinie par laquelle un ange peut coexister avec un nombre infini d'anges – mode qui n'est pas moins impossible que le premier. Cela peut enfin être dû seulement à l'absence de distance corporelle ou dimensionnelle, auquel cas ce mode ne comporterait pas de présence réelle [en eux], mais uniquement la privation d'une telle distance – un mode qui est non seulement impossible, mais pas même imaginable ou concevable. – Cinquièmement, <on argumente ainsi> : le fait qu'une chose soit en elle-même ne lui ajoute rien de différent ; pour cette raison, le mode par lequel les anges sont dits être uniquement en eux-mêmes, et non en des lieux corporels, ne semble rien ajouter à leur substance ; par conséquent, aussi longtemps que leur substance n'est pas changée substantiellement, ce mode d'être demeurerait en eux.

| Tu pourrais t'opposer à ce dernier argument en disant **586** ceci : le fait d'être dans un lieu corporel n'ajoute pas non plus quelque chose à la chose localisée ou au fait d'être en soi-même, car s'il ajoutait quelque chose, ce qui serait ajouté pourrait être produit miraculeusement par Dieu

ipsa re et etiam quod res posset a Deo fieri absque omni tali accidente et ita absque omni tali loco, videtur etiam quod illud additum esset aliqua qualitas, ex quo sequeretur quod motus localis seu motus ad ubi esset motus alterationis : dicendum quod ubi seu esse hic vel illic addit aliquid ad rem quae est hic vel illic, non tamen aliquid quod debeat dici qualitas vel forma absoluta seu absolute respiciens suum subiectum, sed potius dicit quendam modum essendi multum relativum qui locatio vel situatio vocatur. Quod autem aliquid diversum addat probatur ex tribus quae omni motui essentialiter competunt, scilicet terminus a quo et terminus ad quem et fluxus seu cursus intermedius. Constat enim quod terminus ad quem est aliquid de novo factum et introductum per motum, ex quo oportet quod dicat aliam essentiam ab ipso mobili. Terminus etiam a quo per eundem motum amittitur seu destruitur et ipse etiam fuit vel esse potuit terminus ad quem oppositi motus. Ex quorum utroque sequitur quod dicat essentiam diversam a subiecto mobili. Intermedius etiam fluxus localis motus non est secundum rem aliud quam continua et successiva acquisitio diversorum ubi seu diversarum situationum vel locationum. Constat autem quod motus addit aliquam essentiam diversam super suum mobile ; impossibile est enim quod motus sit ipsa essentia sui mobilis per quam est mobile et per quam subiacet ipsi motui. Praeterea, si ubi seu locatio nihil addit ad rem locatam, tunc res semper habebit idem ubi,

sans la chose elle-même, de même que la chose pourrait
être produite par Dieu sans un tel accident, et par conséquent
sans aucun lieu ; il semble par ailleurs qu'un tel ajout serait
une qualité et que le mouvement local ou le mouvement
vers le lieu serait alors un mouvement d'altération.

À cette objection il faut répondre que le lieu ou le fait
d'être ici ou là ajoute quelque chose à ce qui est ici ou là ;
il ne s'agit toutefois pas de quelque chose qui serait une
qualité ou une forme absolue, ou qui se rapporterait de
manière absolue à son sujet : il s'agit plutôt d'un certain
mode d'être au plus haut point relatif, appelé "localisation"
ou "position". Or le fait qu'il ajoute quelque chose de
différent est prouvé à partir des trois éléments qui concourent
de manière essentielle à chaque mouvement, à savoir le
terme initial, le terme final et le flux ou parcours intermédiaire. Il se trouve en effet que le terme final est quelque
chose de nouveau qui est introduit par le mouvement ; il
faut donc qu'il désigne une autre essence que celle du
mobile lui-même. Quant au terme initial, il est abandonné
ou supprimé par ce même mouvement, alors qu'il a été ou
a pu être le terme final du mouvement opposé ; il s'ensuit
que le fait d'être ici ou là désigne une essence différente
de celle du sujet mobile. Par ailleurs, le flux intermédiaire
du mouvement local n'est en réalité rien d'autre que
l'acquisition continue et successive de divers lieux ou de
diverses positions ou localisations. Or il apparaît que le
mouvement ajoute à son mobile une essence différente,
car le mouvement ne peut pas être l'essence même par
laquelle le mobile est un mobile et est sous-jacent au mouvement. De plus, si le lieu ou la localisation n'ajoute rien
à la chose localisée, la chose aura toujours le même lieu,

sicut semper habet se ipsam ; non enim poterit hic dari illa ratio successionis cum identitate reali quae datur de diversis partibus aeviternae durationis.

Quod vero contra hoc dicitur, quod scilicet Deus posset miraculose facere ipsum ubi absque re locata et ipsam rem absque omni ubi : dicendum quod sicut alibi plenius est monstratum, illa accidentia quae sic dicunt actuales et correlativos modos essendi quod in suo intellectu seu in sua ratione necessario includunt actualem existentiam subiecti non possunt absque contradictione fieri absque aliquo subiecto. Licet etiam subiectum a suo accidente **587** | non dependeat, quasi conservetur ab ipso : nihilominus sic sunt limitata secundum suam speciem ad aliquos modos essendi et se habendi quod non possunt absque contradictione poni in esse sine aliquo tali accidente, quamvis possint poni sine hoc vel sine illo. Unde si alicubi in aliquibus argumentationibus meis contra aliquorum dicta factis contrarium huius inveniatur, hoc dixi tanquam arguens ex iis quae ab illis communiter supponebantur. – Si vero quaeras unde est quod Deus non possit rem creare absque aliquo ubi differente ab ipsa, cum sicut in questione de aeternitate mundi est tactum, locus seu spatium quod occupatur a corpore locato nihil addat realiter ad quantitatem ipsius locati : dicendum quod huius ratio est determinata et limitata habitudo rerum locabilium ad suas locationes quam quidem in corporibus in tantum experimur quod impossibile est nos imaginari aliquod

de même qu'elle se possède toujours elle-même ; dans ce cas, en effet, il n'y aurait pas de succession impliquant une identité réelle, comme dans celui des diverses parties de la durée perpétuelle.

À l'objection affirmant que Dieu pourrait produire par miracle un lieu sans une chose localisée et une chose en l'absence de tout lieu, il faut répondre, comme il a été montré de manière plus complète ailleurs, que les accidents qui signifient des modes d'être actuels et corrélatifs, de sorte à inclure nécessairement dans leur signification ou raison l'existence actuelle du sujet, ne peuvent, sans contradiction, exister en l'absence d'un sujet. En effet, bien que le sujet ne dépende pas de son accident | comme **587** s'il était conservé par lui, chaque sujet est cependant limité en fonction de son espèce à certains modes d'être et de se comporter, de sorte à ne pas pouvoir, sans contradiction, exister sans un tel accident, même s'il le peut sans celui-ci ou sans celui-là. Si l'on devait trouver dans mes argumentations à l'encontre des propos de certains quelque chose de contraire à ce qui vient d'être dit, <il faut savoir que> je l'ai dit en argumentant à partir des raisons qui étaient communément supposées par eux. – Mais si tu demandes comment se fait-il que Dieu ne puisse créer une chose sans un lieu différent d'elle, étant donné que le lieu ou l'espace occupé par un corps localisé n'ajoute rien de réel à sa quantité – comme il a été traité dans la question sur l'éternité du monde[1] –, il faut répondre que cela tient au rapport déterminé et limité des choses localisables à leur localisation, rapport que nous expérimentons de manière d'autant plus certaine dans les corps qu'il nous est impossible d'imaginer

---

1. Cf. *Quaestiones in II Sent.*, q. IV et V, éd. cit., vol. I, p. 86-92 et p. 92-129.

corpus nisi cum coimaginatione determinatae situationis eius in aliquo determinato loco; unde sicut moles figurabilis non potest esse sine hac vel illa figura, sic nec locabile sine hac locatione vel illa. Praeter hoc autem potest altius dari huius ratio ex eo quod omnis res creata, cum sit limitata ad esse partiale seu particulare et ad esse relatum et connexum seu connexibile ad omnia quae sibi intra vel extra superaddi possent, quod impossibile est eam habere esse absolutissimum ab omni respectu locali aut habere esse immensum, attingens absolutissime et immensissime omnem locum actualem et etiam possibilem; et hinc est quod non potest poni nec extra omnem locum nec in omni loco Deo possibili; ex quo relinquitur quod semper oportet eam esse in aliquo loco suae limitatae magnitudini comproportionato.

Ad primam vero rationem praefatae positionis dicendum quod sicut quaedam corpora per sui condensationem et dilatationem occupant aliquando maiorem locum et aliquando minorem, nunquam tamen possunt sic intra se colligi quin semper sint in aliquo loco : sic, licet per alium modum nobis inexpertum substantiae intellectuales possint ambitum suae diffusibilitatis ad loca aliquando magis ad se recolligere sicque minorem locum occupare, aliquando vero per quandam sui spiritualem dilatationem ad extra possint maiorem locum occupare, sicut autem est
588 certa limitatio eis | in se dilatando naturaliter praefixa, ita quod ultra illam se amplius dilatare non possunt : sic et in sua recollectione est eis certus limes praefixus.

un corps sans imaginer en même temps sa situation déterminée en un lieu déterminé. Pour cette raison, de même qu'une masse susceptible d'avoir une forme ne peut être sans telle ou telle forme, ainsi ce qui peut être localisé <ne peut être> sans telle ou telle localisation.

En plus de cette explication, on peut fournir une raison plus profonde, à savoir qu'il est impossible qu'une chose créée, en tant que limitée à un être partiel ou particulier et à un être relationnel et connecté – ou pouvant l'être – à tout ce qui pourrait lui être ajouté au dedans ou au dehors, possède un être totalement affranchi de tout rapport local, voire un être immense, atteignant de la manière la plus absolue et immense tous les lieux actuels et même possibles. De ce fait, une chose créée ne peut être posée en dehors de tout lieu, ni en tout lieu possible à Dieu ; elle doit donc toujours être dans un lieu proportionné à sa grandeur limitée.

Au premier argument en faveur de la position mentionnée, il faut répondre ceci : à cause de leur condensation et dilatation, certains corps occupent parfois un lieu plus grand et parfois un plus petit, mais ne peuvent jamais se condenser au point de n'occuper aucun lieu ; de la même manière, bien que cela se produise selon un mode qui nous est inconnu, les substances intellectuelles peuvent parfois contracter davantage leur capacité à se répandre dans des lieux jusqu'à occuper un lieu plus petit, alors que parfois, en vertu d'une certaine dilatation spirituelle vers les choses extérieures, elles peuvent occuper un lieu plus grand. Or, tout comme il y a une limite naturelle et prédéterminée à leur dilatation | empêchant qu'elles puissent se dilater davantage, **588** il y a aussi une limite prédéterminée à leur contraction.

Et ideo non oportet quod si secundum aliquid suae existentiae se aliquando auferunt alicui parti loci, quod secundum se totum possint se subtrahere omni loco, et maxime quia quando se recolligendo subtrahunt se alicui parti loci, tunc illam sui recollectionem reducunt ad illam partem loci in qua ipsi sic recollecti remanent, nec intelligo quod hoc fiat nisi modo spirituali, consono simplicitati intellectualium substantiarum. – Ad secundam dicendum quod aspectus visualis secundum suam essentiam semper stat circa illam partem organi in quo eius potentia formaliter est affixa, quamvis virtualiter protendatur ad extra vel retrahatur ad intra; modus enim secundum quem huiusmodi potentiae vel substantiae referuntur ad sua obiecta est alius secundum rem ab illo quo applicantur ad loca.

Secunda positio est, quod dum angelus existit in loco corporali, habet simul cum hoc quendam alium modum essendi qui sibi remanet, quando omnibus corporibus annihilatis perderet illum modum secundum quem in locis corporalibus existebat; secundum autem illum alium modum semper est praesens ceteris angelis aut saltem quando corporibus annihilatis non essent ab invicem localiter distantes. – Huius autem positionis prima ratio est, quia absurdum videtur quod substantia intellectualis non possit videre ceteras substantias intellectuales in loco remoto distantes, nisi protendat aspectum suum in corporalia loca quasi intermedia, quasi corporalia loca et eorum aspectus sint necessaria ad intellectualem visionem intellectualium,

Pour cette raison, si parfois elles se retirent d'une certaine partie du lieu selon quelque chose de leur existence, il n'est pas nécessaire qu'elles se soustraient totalement à tout lieu ; cela est d'autant moins nécessaire que, lorsqu'elles se soustraient à une partie du lieu du fait de se contracter, elles réduisent cette contraction à la partie du lieu où elles demeurent ainsi contractées. Et je ne conçois pas que cela se fasse autrement que selon un mode spirituel conforme à la simplicité des substances intellectuelles. – Au second argument il faut répondre que selon son essence le regard de la vue se trouve toujours près de la partie de l'organe dans lequel sa puissance est fixée formellement, bien que virtuellement il s'étende vers l'extérieur ou se retire vers l'intérieur ; en effet, le mode selon lequel ces puissances ou substances se rapportent à leurs objets est réellement différent de celui par lequel elles s'appliquent aux lieux.

<Deuxième solution>

La deuxième solution est la suivante : aussi longtemps qu'un ange existe en un lieu corporel, il possède, en même temps que celui-ci, un autre mode d'être, lequel demeure lorsque, une fois les corps détruits, il perdrait le mode d'être selon lequel il existait dans des lieux corporels. Selon cet autre mode il est toujours présent aux autres anges, ou du moins lorsque ceux-ci, une fois les corps détruits, ne seraient plus distants localement les uns des autres. – La première raison de cette position est qu'il serait absurde qu'une substance intellectuelle ne puisse voir les autres substances intellectuelles situées dans un lieu reculé sans étendre son regard sur les lieux corporels qui sont presque intermédiaires, comme si les lieux corporels et les regards <portés sur eux> étaient nécessaires à la vision intellectuelle des choses intellectuelles, à la manière

sicut actus sensus particularis est necessarius actui sensus communis ad apprehendendum sensibilia quae sunt extra; sed si angeli non sunt sibi invicem aliquo intellectuali modo praesentes, non poterunt aliter se videre quam modo praedicto, quando sunt in locis ab invicem remotis. – Secunda ratio est, quia habitudo mutuae praesentialitatis angelorum videtur naturaliter esse prior habitudine praesentialitatis eorum ad corpora mundi, et saltem illa non videtur dependere ab ista nec tolli aut variari per istam.

Sed contra hanc positionem arguitur : primo, quia aut ille alius modus essendi est in eis unus et idem numero aut sunt vel esse possunt plures eiusdem speciei, iuxta scilicet | modum quo unum ubi mutatur in aliud ubi. Si semper est unus numero : ergo omnes substantiae intellectuales sunt per illum modum semper sibi uno et eodem modo praesentes, cuius contrarium quoad praesentiam animarum nostrarum ad ceteras animas et ad angelos et daemones nostra interna experientia comprobare videtur. Praeterea, quis dicet quod angelus per intermedium spatium mille dietarum ab alio angelo localiter distans sit eidem secundum suam substantiam immediate coniunctus et praesens? Si vero sunt plures numero, eiusdem tamen speciei, sibi invicem succedentes : tunc erit inter eos dare spirituales distantias et situationes nunc magis nunc minus distantes; quod non est bene intelligibile, nisi solum pro quanto unus transcendit alterum in substantia vel potentia aut in habitibus et eorum actibus. – Secundo

dont l'acte du sens particulier est nécessaire à l'acte du sens commun pour appréhender les réalités sensibles qui se trouvent à l'extérieur. Or si les anges ne sont pas présents les uns aux autres selon un mode intellectuel, lorsqu'ils se trouvent dans des lieux éloignés les uns des autres ils ne pourront pas se voir autrement que selon le mode indiqué. – La seconde raison est que le rapport de présence mutuelle des anges semble précéder naturellement le rapport de présence aux corps du monde ; le premier rapport, du moins, ne semble pas dépendre de ce dernier ni être supprimé ou modifié par lui.

<Contre la deuxième solution>

Mais contre cette solution on argumente premièrement ainsi : soit cet autre mode d'être est en elles un seul et numériquement identique, soit ils sont ou peuvent être plusieurs de la même espèce, à la manière | dont un lieu **589** change en un autre lieu. Si ce mode d'être est toujours un seul numériquement, alors par ce mode toutes les substances intellectuelles sont toujours présentes les unes aux autres d'une seule et même manière ; or notre expérience interne de la présence de nos âmes aux autres âmes, ainsi qu'aux anges et aux démons, semble prouver le contraire. De plus, qui dira que l'ange éloigné d'un autre ange par un intervalle de mille journées lui est uni et présent immédiatement selon sa substance ? En revanche, s'ils sont plusieurs en nombre, mais de la même espèce, qui se succèdent les uns aux autres, il y aura entre eux des distances et des situations spirituelles tantôt plus grandes tantôt moins grandes – ce qui n'est compréhensible que dans la mesure où l'un dépasse l'autre dans sa substance ou sa puissance, ou dans ses dispositions et leurs actes. – Deuxièmement,

arguitur : quia ille alius modus essendi non videtur aliud
ponere quam angelum esse in se ipso ; per hoc autem quod
est in se ipso non est praesens neque distans alteri angelo,
sicut nec sunt corpora quae utique praeter suas situationes
locales semper habent suum esse substantiale secundum
quod sunt semper in se ipsis.

Ad primam vero rationem in contrarium factam dicitur
quod aspectus intermediae distantiae non est necessarius
ad videndum alterum angelum, nisi solum quando contingit
ab invicem esse distantes, et tunc eadem ratione est
necessarius qua particulares essentias et quidditates
corporum distantium non possunt videre seu visibiliter
aspicere absque aspectu intermediae distantiae. Huius
autem necessitas non est ex hoc quod intellectualia a
corporalibus directe seu causaliter dependeant, sed solum
obiective et intermediative, quando habent videre aliqua
in locis corporalibus existentia ; tunc enim intellectualis
aspectus non potest dirigi et ferri ad illa, nisi dirigatur ad
illa loca in quibus existunt. Non est etiam inconveniens
quod actus superior egeat actu inferiori respectu propriorum
obiectorum actus inferioris, sicut videmus quod intellectus
et sensus communis egent visu oculi ad praesentialiter
apprehendendum propria obiecta visus. Nec mirum, si
actus superior per intermedium actum inferiorem
pertingat ad proprium obiectum eius, quia secundum
Augustinum, XXII libro *De civitate Dei*, intellectus

on argumente ainsi : cet autre mode d'être ne semble signifier rien d'autre, sinon que l'ange est en lui-même ; or, par le fait qu'il est en lui-même il n'est ni présent ni distant par rapport à un autre ange ; de même, il n'y a pas de corps qui, au-delà de leurs situations locales, ne possèdent toujours et absolument l'être substantiel par lequel ils sont toujours en eux-mêmes.

À la première raison formulée en sens contraire on répond que le regard porté sur la distance intermédiaire est nécessaire pour voir l'autre ange seulement lorsqu'ils sont distants l'un de l'autre : dans ce cas, ce regard est nécessaire pour la même raison pour laquelle ils ne peuvent pas voir, ou considérer par la vue, les essences particulières et les quiddités des corps distants sans porter un regard sur la distance intermédiaire. Or la nécessité de ce regard ne résulte pas de ce que les réalités intellectuelles dépendraient des choses corporelles directement ou causalement, mais seulement <du fait qu'elles en dépendent> relativement à l'objet et en guise d'intermédiaires lorsqu'elles ont à considérer des choses existant dans des lieux corporels ; alors, en effet, le regard intellectuel ne peut être dirigé et porté vers elles sans être dirigé vers les lieux où elles se trouvent. Et il n'y a pas d'inconvénient à ce qu'un acte supérieur ait besoin d'un acte inférieur relativement aux objets propres de l'acte inférieur, comme nous le constatons pour l'intellect et le sens commun, qui ont besoin de la vision sensible pour appréhender dans leur présence les objets propres de la vue.

Il n'y a rien d'étonnant à ce qu'un acte supérieur atteigne l'objet propre d'un acte inférieur par le biais de celui-ci, car selon Augustin, au livre XXII *De la Cité de Dieu*[1],

---

1. *Cf.* Augustin, *La Cité de Dieu*, l. XXII, § 29 (Nouvelle bibliothèque augustinienne, vol. IV. 2, p. 891).

590 | beatorum per intermedium oculorum aspectum fortasse
videbunt Deum, prout est actu in corporibus illis. Non
enim est intelligendum quod quando ibi nititur astruere
quod beati per oculos videbunt Deum praesentem in
corporibus mundi, quod velit dicere quod actus oculi aliquo
modo attingat substantiam Dei, ita quod videat ipsam in
se ipsa et secundum se ipsam, cum etiam vitam animae in
corpore non videat oculus in se ipsa, sed solum in quadam
refulgentia praesentialiter ab ipsa manante et redundante
in corpus. – Ad secundam dicendum quod sicut communiores
rationes sunt priores rationibus specificis, licet istae sint
completiores et pro tanto dignitate primitatis digniores :
sic illud quod competit alicui secundum communiores
rationes est prius eo quod sibi competit secundum specificas
rationes ; particularitas autem et limitatio seu finitas sunt
communiores rationes quam sint specifica seu angelica
intellectualitas angelorum ; localis autem praesentia et
distantia competit angelo et omni enti creato propter eorum
particularitatem finitam et limitatam ad hic et nunc, et ideo,
licet sit imperfectior quibusdam aliis praesentialitatibus
intellectualibus, nihilominus iuxta modum praedictum est
aliquando prior.

Tertia positio est, quod eandem habitudinem
localem quam habet angelus ad locum corporalem,
quando est in ipso, retinet seu retineret, quantum est ex
se, si omnia loca corporalia annihilarentur, ita quod

| c'est probablement par l'intermédiaire d'un regard **590** des yeux que les intellects des bienheureux verront Dieu, en tant que ce regard est en acte dans leurs corps. En effet, lorsqu'au même endroit Augustin s'efforce de montrer que les bienheureux verront par leurs yeux Dieu présent dans les corps du monde, il ne faut pas comprendre qu'il veuille dire que la vision sensible puisse atteindre de quelque façon la substance de Dieu, de manière à la voir en elle-même et selon elle-même, car l'œil non plus ne voit dans le corps la vie de l'âme en elle-même, mais seulement dans une sorte d'éclat qui émane d'elle par mode d'une présence qui rejaillit dans le corps.

À la seconde raison contraire il faut répondre ceci : de même que les raisons plus générales précèdent les raisons spécifiques, même si celles-ci sont plus complètes et partant plus dignes selon la primauté de la dignité, de même ce qui revient à quelque chose selon des raisons plus générales est antérieur à ce qui lui revient selon des raisons spécifiques. Or la particularité et la limitation ou la finitude sont des raisons plus générales que ne l'est l'intellectualité spécifique – c'est-à-dire angélique – des anges ; aussi, puisque la présence locale et la distance sont propres à l'ange et à tout étant créé en raison de leur particularité finie et limitée à l'ici et au maintenant, la présence locale est parfois première selon le mode indiqué auparavant, même si elle est plus imparfaite que certaines autres formes de présence intellectuelle.

<Troisième solution>

La troisième solution soutient que le même rapport local que l'ange possède relativement au lieu corporel lorsqu'il est en lui, il le maintient ou le maintiendrait, quant à lui, si tous les lieux corporels étaient détruits, de sorte

inter angelos prius localiter distantes posset poni tantae distantiae quantitas quanta prius erat inter eos et non aliqua maior; ad hoc autem quod ipsi sic prius distantes fierent post annihilationem corporum sibi praesentes oporteret quod vel miraculose a Deo subito transferrentur aut quod possent se movere quasi per vacuum seu potius per nihilum, sicut faciunt, quando per intermedia loca procedendo sibi invicem appropinquant. Nec propter hoc deberet dici quod angelus esset tunc in loco corporali, sed solum quod habet illam habitudinem seu illud ubi quod haberet, si sibi assisteret locus corporalis; quia tamen ubi locale proprie sumptum in sua ratione continet assistentiam alterius extremi, scilicet loci corporalis : ideo angelus pro tanto non esset tunc dicendus habere ubi locale, quamvis **591** formaliter haberet secundum rem | totam intrinsecam essentiam sui ubi. – Rationes autem quae pro hac positione fieri possent facile est colligere ex praedictis.

Eligat igitur quicunque vult aliquam trium praedictarum aut aliquam aliam meliorem.

qu'entre les anges qui étaient auparavant distants localement on pourrait poser une distance aussi grande que celle qu'il y avait entre eux auparavant, et non une plus grande. Or, pour que les anges qui étaient ainsi distants auparavant soient présents les uns aux autres après la destruction des corps, il faudrait que par miracle ils soient transportés subitement par Dieu ou qu'ils puissent se mouvoir presque à travers le vide, ou plutôt à travers le néant, comme ils le font lorsqu'ils se rapprochent les uns des autres en passant par des lieux intermédiaires. Il ne faudrait pas dire pour autant que l'ange se trouve alors en un lieu corporel, mais seulement qu'il possède le même rapport ou la même position qu'il aurait si un lieu corporel lui était présent. Toutefois, étant donné que la position locale prise au sens propre implique dans sa raison la présence de l'autre extrémité, c'est-à-dire du lieu corporel, il ne faudrait pas penser pour autant que l'ange possède une détermination locale, même si formellement | il possèderait selon la réalité **591** l'essence intrinsèque tout entière de sa position.

– On peut facilement rassembler, à partir de ce qui a été dit, les raisons qui pourraient être formulées en faveur de cette opinion. Que celui qui le voudra choisisse l'une des trois positions mentionnées ou une meilleure.

INDICATIONS BIBLIOGRAPHIQUES

SOURCES

HENRI DE GAND, *Quodlibet* II, q. IX : texte latin de l'édition critique de R. Wielockx, dans *Henrici de Gandavo Opera Omnia*, vol. VI, Leuven, Leuven University Press, 1983, p. 58-72.

MATTHIEU D'AQUASPARTA, *Quaestiones disputatae de anima separata, de anima beata, de ieunio et de legibus*, q. II : texte latin de l'édition critique de G. Gál, Quaracchi, Ad Claras Aquas, 1959, p. 20-39.

RICHARD DE MEDIAVILLA, *Scriptum super I librum Sententiarum*, dist. XXXVII, articulus II, qq. I-IV : texte latin de l'édition de Brixiae 1591 (reimp. Frankfurt am Main, Minerva, 1963), p. 325-330.

PIERRE DE JEAN OLIVI, *Quaestiones in II librum Sententiarum*, q. XXXII : texte latin de l'édition critique de B. Jansen, Quaracchi, Ad Claras Aquas, 1922, t. I, p. 571-591.

MANUSCRITS CONSULTÉS

Assisi, Biblioteca comunale 140, f. 95vb-97va.
Oxford, Merton College 98, f. 183r-185v.

AUTEURS ANCIENS, MÉDIÉVAUX ET MODERNES

ALBERT LE GRAND, *De caelo et mundo*, éd. P. Hossfeld (*Opera omnia* V/1), Münster, Aschendorff, 1971.

– *In I Sententiarum*, éd. A. Borgnet, *Opera omnia*, vol. XXVI, Paris, Vivès, 1893.

ANSELME DE CANTORBÉRY, *Proslogion*, trad. A. Koyré, Paris, Vrin, 6ᵉ éd., 1982.

– *L'accord de la prescience, de la prédestination et de la grâce de Dieu avec le libre choix*, dans l'*Œuvre de Saint Anselme de Cantorbéry*, trad. M. Corbin et H. Rochais, Paris, Éditions du Cerf, 1988, vol. V, p. 156-243.

ARISTOTE, *Physique*, trad. A. Stevens, Paris, Vrin, 2012.

– *Métaphysique*, trad. J. Tricot, 2 vol., Paris, Vrin, 1974.

– *Seconds analytiques*, trad. J. Tricot, Paris, Vrin, 1979.

– *Traité du ciel*, trad. C. Dalimier, P. Pellegrin, Paris, GF-Flammarion, 2004.

– *De l'âme*, trad. J. Tricot, Paris, Vrin, 1965.

– *De l'interprétation*, trad. J. Tricot, Paris, Vrin, 1969.

AUGUSTIN D'HIPPONE, *La Cité de Dieu*, dans *Œuvres de Saint Augustin*, Nouvelle bibliothèque augustinienne, vol. 3-4, trad. G. Combès et G. Madec, Paris, Desclée de Brouwer, 1993-1995.

– *La Genèse au sens littéral*, trad. P. Agaësse et A. Solignac, Bibliothèque augustinienne, t. 48-49, Paris, Institut d'Études augustiniennes, 2000-2001.

– *Les confessions*, trad. É. Tréhorel et G. Bouissou, Bibliothèque augustinienne, t. 13-14, Paris, Desclée de Brouwer, 1996.

– *Livre sur la présence de Dieu* ou *Lettre* CLXXXVII, dans *Œuvres complètes de Saint Augustin*, trad. Péronne, Écalle, Vincent, Charpentier, Barreau, t. V, Paris, Vivès, 1870, p. 603-625.

– *Lettre* 147 (*Lettre à Pauline*), dans *Œuvres complètes de Saint Augustin*, trad. Péronne, Écalle, Vincent, Charpentier, Barreau, t. V, Paris, Vivès, 1870, p. 273-309.

– *Quatre-vingt-trois questions différentes*, trad. G. Bardy, J.-A. Beckaert, J. Boutet, Bibliothèque augustinienne, t. 10, Paris, Desclée de Brouwer, 1952.

– *Les commentaires des Psaumes*, 108-117, trad. M. Dulaey, P.-M. Hombert, Bibliothèque augustinienne, t. 66, Paris, Institut d'Études augustiniennes, 2013.

AVERROÈS, *Aristotelis opera cum Averrois commentariis*, Venetiis apud Junctas 1562-1574, réimp. Frankfurt a. M., Minerva, 1962 (t. IV, *In Aristotelis Physicam*; t. V *De caelo*; t. VIII *In Aristotelis Metaphysicam*; t. IX, *De substantia orbis*).

AVICENNE, *Metaphysica. Liber de philosophia prima sive de scientia divina*, éd. S. Van Riet, 2 vol., Louvain-Leiden, Peeters-Brill, 1977-1980; trad. fr. G.C. Anawati, 2 vol., Paris, Vrin, 1978-1985.

BÈDE LE VÉNÉRABLE, *Hexaemeron* (PL 91).

BOÈCE, *De hebdomadibus*, éd. H.F. Stewart, E.K. Rand, S.J. Tester, *The Theological Tractates*, Cambridge/Mass.-London, Harvard University Press-Heinemann, 1978, p. 38-51.

– *Quomodo substantiae in eo quod sint bonae cum non sint substantialia bona*, dans *De consolatione philosophiae*; *Opuscula theologica*, C. Moreschini (ed.), « Bibliotheca scriptorum Graecorum et Romanorum Teubneriana » 21, München, K. G. Saur, 2005, p. 186-194.

– *Comment les substances du fait même qu'elles sont, sont bonnes, bien qu'elles ne soient pas des biens substantiels* (*De hebdomadibus*), trad. H. Merle, Paris, Éditions du Cerf, 1991, p. 99-110.

– *De fide catholica*, éd. H.F. Stewart, E.K. Rand, S.J. Tester, *The Theological Tractates*, Cambridge/Mass.-London, Harvard University Press-Heinemann, 1978, p. 52-71.

– *De fide catholica*, dans *De consolatione philosophiae*; *Opuscula theologica*, C. Moreschini (ed.), « Bibliotheca scriptorum Graecorum et Romanorum Teubneriana » 21, München, K. G. Saur, 2005, p. 195-205.

– *La foi catholique ou bref exposé de la foi catholique*, trad. H. Merle, Paris, Éditions du Cerf, 1991, p. 29-41.

BONAVENTURE DE BAGNOREGIO, *In quatuor libros Sententiarum*, dans *Opera omnia S. Bonaventurae*, ed. Collegii S. Bonaventurae, Quaracchi, Ad Claras Aquas, 1885.

Chartularium Universitatis Parisiensis, éd. H. Denifle, E. Chatelain, 4 vol., Paris, Delalain, 1889-1897.

CICÉRON, *Tusculanes*, éd. G. Fohlen, trad. J. Humbert, Paris, Les Belles Lettres, 4ᵉ éd., 1970.

GILLES DE ROME, *In Primum Librum Sententiarum*, Venetiis 1521 (réimpression, Frankfurt a. M., Minerva, 1968) ; (*Reportatio monacensis*), éd. C. Luna, *Aegidii Romani Opera Omnia*, III, 2 : *Reportatio lecturae super libros I-IV Sententiarum*, Firenze, SISMEL, ed. del Galluzzo, 2003.

GODEFROID DE FONTAINES, *Quodlibet* XII, éd. J. Hoffmans, *Les Quodlibets onze-quatorze de Godefroid de Fontaines*, Louvain, Peeters, 1932-1935.

GRÉGOIRE DE TOURS, *De miraculis Sancti Martini*, Libri quatuor (PL 71).

GUILLAUME DE LA MARE, *Correctorium fratris Thomae*, éd. P. Glorieux, dans « Les premières polémiques thomistes I : Le *Correctorium corruptorii* "Quare" », Kain, *Revue des sciences philosophiques et théologiques*, 1927.

HENRI DE GAND, *Quodlibet* XV, éd. G. Etzkorn, G.A. Wilson, Leuven, Leuven University Press, 2007.

– *Quaestiones ordinariae* (*Summa*), Parisiis 1520, (réimpression New York, The Franciscan Institute, 1953).

HUGUES DE SAINT-VICTOR, *De sacramentis christianae fidei*, éd. R. Berndt, Münster, Aschendorff, 2008.

JACQUES DE VORAGINE, *La Légende dorée*, trad. J.-B. Roze, Paris, Garnier Flammarion, 1967.

JEAN DAMASCÈNE, *La foi orthodoxe*, éd. B. Kotter (PTS 12) trad. P. Ledrux (avec la collaboration de V. Kontouma-Conticello, G.-M. de Durand, 2 vol., Paris, Éditions du Cerf, 2010-2011.

JEAN DUNS SCOT, *Ordinatio* IV, d. 8-13, ed. Vaticana, *Opera omnia*, t. XII, Roma 2010.

– *Opera Omnia*, éd. Wadding, Lyon 1639 (réimpression Hildesheim1968).

JEAN QUIDORT, *In I Sententiarum*, éd. P. Müller, Roma, Herder, 1961.

JÉRÔME, *Epistola* IX, *Ad Paulam et Eustochium, De assumptione beatae Mariae Virginis* (PL 30).

– *La lettre 22 à Eustochium*, trad. Y.-M. Duval, P. Laurence, Bégrolles-en-Mauges, Abbaye de Bellefontaine, 2011.

– *Commentarium In Isaiam* (PL 24).

– *Commentaires sur le prophète Isaïe*, trad. abbé Bareille dans *Œuvres complètes de Saint Jérôme*, t.V et VI, Paris, Vivès, 1879.

NEWTON ISAAC, *De la gravitation ou les fondements de la mécanique classique*, éd. et trad. M.-F. Biarnais, Paris, Les Belles Lettres, 1985.

PIERRE DE JEAN OLIVI, *La matière (Questions sur le II ᵉ livre des Sentences*, q. XVI-XXI), trad. T. Suarez-Nani, C. König-Pralong, O. Ribordy, A. Robiglio, Paris, Vrin, 2009.

– « Quaestio utrum motus localis dicat aliquid absolutum supra mobile ipsum quod movetur localiter », éd. A. Maier dans *Zwischen Philosophie und Mechanik. Studien zur Naturphilosophie der Spätscholastik*, Roma, 1958, p. 299-319.

PIERRE LOMBARD, *Libri quatuor Sententiarum*, ed. Collegii S. Bonaventurae, Quaracchi, Ad Claras Aquas, 1916 (2ᵉ édition, Grottaferrata, 1971-1981).

– *Les Quatre Livres des Sentences*, trad. M. Ozilou, 4 vol., Paris, Éditions du Cerf, 2012-2015.

PLATON, *Timaeus, interprete Chalcidio cum eiusdem commentario*, éd. I. Wrobel, Frankfurt am Main, Minerva, 1963.

– *Timée, Critias*, trad. inédite, introd. et notes par L. Brisson, avec la collaboration de M. Patillon, Paris, GF-Flammarion, 1995.

PLOTIN, *Ennéades*, éd. P. Henry, H.-R. Schwyzer, 3 vol., Oxford, Oxford University Press, 1964-1983.

– *Ennéades*, trad. É. Bréhier, 7 vol., Paris, Les Belles Lettres, 1924-1938.

RICHARD DE MEDIAVILLA, *Questions disputées*, trad. A. Boureau, 6 vol., Paris, Les Belles Lettres, 2011-2014.

RICHARD DE SAINT-VICTOR, *De Trinitate*, éd. J. Ribaillier, Paris, Vrin, 1958.

ROGER BACON, *Opus tertium*, éd. J.S. Brewer, *Opera quaedam hactenus inedita*, t. I, London, Longman, 1859.

STRABON, *Glossa ordinaria in Genesim* (PL 113).

THOMAS D'AQUIN, *Opera omnia, iussu Leonis XIII edita*, Romae-Parisiis, Commissio Leonina-Éditions du Cerf, 1882 *sq.* (= éd. Léonine).

– *Scriptum super libros Sententiarum (primum et secundum)*, éd. P. Mandonnet, Parisiis, P. Lethiellieux, 1929.

– *In IV librum Sententiarum*, d. 23-50, Parmae, Typis Petri Fiaccadori, 1858.

THOMAS DE BAILLY, *Quodlibets*, éd. P. Glorieux, Paris, Vrin, 1960.

ÉTUDES

AERTSEN J.A., SPEER A. (éd.), *Raum und Raumvorstellungen im Mittelalter*, Berlin-New York, De Gruyter, 1997.

AGOSTINI I., « Henry More e l'olenmerismo », *Nouvelles de la République des Lettres* 2 (2006), p. 73-86.

ANFRAY J.-P., « Étendue spatiale et temporelle des esprits : Descartes et le holenmérisme », *Revue philosophique de la France et de l'Étranger* 139 (2014), p. 23-46.

BIARD J., « Albert de Saxe et l'idée d'espace infini », dans T. Suarez-Nani, M. Rohde (éd.), *Représentations et conceptions de l'espace dans la culture médiévale*, Berlin-Boston, De Gruyter, 2011, p. 215-236.

– « Le concept de vide selon Albert de Saxe et Jean Buridan », dans J. Biard, S. Rommevaux (éd.), *La nature et le vide dans la physique médiévale. Études dédiées à Edward Grant*, Turnhout, Brepols, 2012, p. 269-292.

« L'unité du monde selon Guillaume d'Ockham », *Vivarium* 22 (1984), p. 63-83.

BIARD J., ROMMEVAUX S. (éd.), *La nature et le vide dans la physique médiévale. Études dédiées à Edward Grant*, Turnhout, Brepols, 2012.

CAPPELLETTI L., « Le condanne parigine sul moto locale delle sostanze separate nelle "Quaestiones de anima separata" di Matteo d'Acquasparta », *La Cultura* 3 (2009), p. 433-451.

– *Matteo d'Acquasparta vs Tommaso d'Aquino. Il dibattito teologico-filosofico nelle "Quaestiones de anima"*, Roma, Aracne, 2011.

CICERI A., *Petri Iohannis Olivi, Opera. Censimento dei manoscritti*, Grottaferrata, Ad Claras Aquas, 1999.

CROSS R., « The Condemnation of 1277 and Henry of Ghent on Angelic Location », dans I. Iribarren, M. Lenz (éd.), *Angels in Medieval Philosophical Inquiry*, Aldershot-Burlington, Ashgate, 2008, p. 73-88.

DEMANGE D., « La physique olivienne de l'action et du mouvement », à paraître.

ERNST S., « Super quattuor libros Sententiarum Petri Lombardi quaestiones subtilissimae von Richard von Mediavilla », *Lexikon der theologischen Werke*, Stuttgart 2013, p. 690-691.

GIOVANNOZZI D., VENEZIANI M., (éd.), *Locus-Spatium*, Firenze, Olschki, 2014.

GONDRAS A.-J., « Quaestiones de anima VI », *Archives d'histoire doctrinale et littéraire du Moyen Âge* 32 (1957), p. 203-352.

GRANT E., *Much Ado about Nothing. Theories of Space and Vacuum from the Middle Ages to the Scientific Revolution*, Cambridge, Cambridge University Press, 1981 (repr. 2008).

HISSETTE R., *Enquête sur les 219 thèses condamnées le 7 mars 1277*, Louvain-Paris, Louvain Publications universitaires/ Vander-Oyez, 1977.

HOCEDEZ E., *Richard de Middleton, sa vie, ses œuvres, sa doctrine*, Louvain-Paris, Spicilegium sacrum lovaniense, Champion, 1925.

JAMMER M., *Concepts d'espace. Une histoire des théories de l'espace en physique*, trad. L. Mayet et I. Smadja, Paris, Vrin, 2008.

KOYRÉ A., « Le vide et l'espace infini au XIVᵉ siècle », *Archives d'histoire doctrinale et littéraire du Moyen Âge* 24 (1949), p. 45-91.

– *Du monde clos à l'univers infini*, trad. R. Tarr, Paris, Gallimard, 1988.

LAMBERT M., « Richard de Mediavilla », *Dictionnaire du Moyen Âge*, Paris, Quadrige/PUF, 2002, p. 1215-1216.

LONG R.J., « Roger Bacon on the Nature and Place of Angels », *Vivarium* 35/2 (1997), p. 266-282.

MAHONEY E., « Reverberations of the Condemnation of 1277 », dans J.A. Aertsen, K. Emery, A. Speer, (éd.), *Nach der Verurteilung von 1277. Philosophie und Theologie an der Universität von Paris im letzten Viertel des 13. Jahrhunderts*, Berlin-New York, De Gruyter, 2001, p. 902-930.

MORAW P. (éd.), *Raumerfassung und Raumbewusstsein im späteren Mittelalter*, Stuttgart, Thorbecke, 2002.

PAGANINI G., « Hobbes, Gassendi und die Hypothese der Weltvernichtung », dans M. Muslov, M. Stamm (éd.), *Konstellationsforschung*, Frankfurt, Suhrkamp, 2005, p. 258-339.

– « Le lieu du néant. Gassendi et l'hypothèse de l'« *annihilatio mundi* », *Dix-septième siècle* 233 (2006), p. 587-600.

PANTI C., « Non abest nec distat : Space and Movement of Intellectual Substances according to Robert Grosseteste, Adam Marsh and Roger Bacon », dans T. Suarez-Nani, O. Ribordy, A. Petagine (éd.), *Lieu, espace, mouvement : physique, métaphysique et cosmologie*, Roma-Barcelona, FIDEM, 2017, p. 57-77.

PAQUOT Th., JOUNÈS Ch. (éd.), *Espace et lieu dans la pensée occidentale. De Platon à Nietzsche*, Paris, La Découverte, 2012.

PETERSCHMITT L., « Introduction » dans *Espace et métaphysique de Gassendi à Kant. Anthologie*, Paris, Hermann, 2013, p. 5-59.

PICHÉ D., *La condamnation parisienne de 1277*, Paris, Vrin, 1999.

PIRON S., « Olivi et les Averroïstes », dans D. Calma, E. Coccia (éd.), *Les « sectatores Averrois ». Noétique et cosmologie aux XIIIe-XIVe siècles, Freiburger Zeitschrift für Philosophie und Theologie* 53 (2006, 1/2), p. 251-309.

– « Le métier de théologien selon Olivi », dans T. Suarez-Nani, O. Ribordy, C. König-Pralong (éd.), *Pierre de Jean Olivi – philosophe et théologien*, Berlin-New York, De Gruyter, 2010, p. 17-85.

RODOLFI A., « Pluralità dei mondi, spazio e onnipotenza divina. Pietro di Giovanni Olivi a confronto con Tommaso d'Aquino », *Memorie domenicane* 2011, p. 199-221.

– « Présence de Dieu et lieu des anges chez Albert le Grand », dans T. Suarez-Nani, O. Ribordy, A. Petagine (éd.), *Lieu, espace, mouvement : physique, métaphysique et cosmologie*, Roma-Barcelona, FIDEM, 2017, p. 79-92.

SCHNEIDER Th., *Die Einheit des Menschen. Die anthropologische Formel « anima forma corporis » im sogenannten Korrektorienstreit und bei Petrus Johannis Olivi. Ein Beitrag zur Vorgeschichte des Konzils von Vienne*, Münster, Aschendorff, 1973.

SORABJI R., *Matter, Space and Motion*, London, Duckworth, 1988.

SUAREZ-NANI T., *Les anges et la philosophie. Subjectivité et fonction cosmologique des substances séparées au XIIIe siècle*, Paris, Vrin, 2002.

– « Conceptions médiévales de l'espace et du lieu : les éléments d'une trajectoire », dans M. Esfeld, J.-M. Tétaz (éd.), *Généalogie de la pensée moderne. Volume d'hommages à Ingeborg Schüssler*, Frankfurt am Main, Ontos, 2004, p. 97–114.

– « Angels, Space and Place : the Location of Separate Substances according to John Duns Scotus », dans I. Iribarren, M. Lenz (éd.), *Angels in Medieval Philosophical Inquiry*, Aldershot-Burlington, Ashgate, 2008, p. 89-111.

– « Vers le dépassement du lieu : l'ange, l'espace et le point », dans T. Suarez-Nani, M. Rohde (éd.), *Représentations et conceptions de l'espace dans la culture médiévale*, Berlin-Boston, De Gruyter, 2011, p. 121-146.

– « De la théologie à la physique : l'ange, le lieu et le mouvement », dans A. Paravicini-Bagliani (éd.), L'*Angelos*, Micrologus XXIII, Firenze, SISMEL-Edizioni del Galluzzo, 2015, p. 427-443.

– *La matière et l'esprit. Études sur François de la Marche*, Fribourg-Paris, Academic Press Fribourg-Éditions du Cerf, 2015.

– « L'espace sans corps : étapes médiévales de l'hypothèse de l'*annihilatio mundi* », dans T. Suarez-Nani, O. Ribordy, A. Petagine (éd.), *Lieu, espace, mouvement : physique, métaphysique et cosmologie*, Roma-Barcelona, FIDEM, 2016, p. 93-107.

– « Le lieu de l'esprit : échos du Moyen Âge dans la correspondance de Descartes avec Henry More », dans O. Ribordy, I. Wienand (éd.), *Descartes en dialogue*, Fribourg, Academic Press Fribourg, à paraître.

– « Un défi aux lois de la nature : un corps dans plusieurs lieux à la fois », dans N. Weill-Parot, R. Poma, M. Sorokina (éd.), *Les confins incertains de la nature (XIIe-XVIe siècle)*, à paraître.

SUAREZ-NANI T., ROHDE M. (éd.), *Représentations et conceptions de l'espace dans la culture médiévale*, Berlin-Boston, De Gruyter, 2011.

SUAREZ-NANI T., A. PETAGINE, O. RIBORDY (éd.), *Lieu, espace, mouvement : physique, métaphysique et cosmologie*, Roma-Barcelona, FIDEM, 2017.

TOTARO P., VALENTE L. (éd.), *SPHAERA. Forma, immagine e metafora tra Medioevo ed Età moderna*, Firenze, Olschki, 2012.

WEILL-PAROT N., *Points aveugles de la nature. La rationalité scientifique médiévale face à l'occulte, l'attraction magnétique et l'horreur du vide*, Paris, Les Belles Lettres, 2013.

WELS H., « Late Medieval Debates on the Location of Angels after the Condemnation of 1277 », dans I. Iribarren, M. Lenz (éd.), *Angels in Medieval Philosophical Inquiry*, Aldershot-Burlington, Ashgate, 2008, p. 113-127.

ZUMTHOR P., *La mesure du monde. Représentations de l'espace au Moyen Âge*, Paris, Seuil, 1993.

OUVRAGE COLLECTIF : *Construction de l'espace au Moyen Âge : pratiques et représentations*, Paris, Publications de la Sorbonne, 2007.

INDEX DES NOMS

Auteurs anciens, médiévaux et modernes

Auteurs modernes (études citées)

INDEX SCRIPTURAIRE

INDEX DES NOTIONS

TABLE DES MATIÈRES

Achevé d'imprimer par Corlet Numérique - 14110 Condé-sur-Noireau
N° d'Imprimeur : 137764 - Dépôt légal : avril 2017 - *Imprimé en France*